本专著受上海市教师专业发展工程领导小组办公室资助
本书荣获浦东新区第十届教育科研成果一等奖

“课”动心弦

——让主题教育更精彩

姚瑜洁　著

上海科学普及出版社

图书在版编目（CIP）数据

“课”动心弦：让主题教育更精彩／姚瑜洁著．—上海：上海科学普及出版社，2020（2023.10重印）

ISBN 978-7-5427-7750-8

Ⅰ.①课… Ⅱ.①姚… Ⅲ.①德育-教学研究-中小学 Ⅳ.①G631

中国版本图书馆CIP数据核字（2020）第058153号

责任编辑 陈爱梅

“课”动心弦

——让主题教育更精彩

姚瑜洁 著

上海科学普及出版社出版发行

（上海中山北路832号 邮政编码200070）

http://www.pspsh.com

各地新华书店经销 广东虎彩云印刷有限公司印刷

开本 787×1092 1/16 印张 12.75 字数 200 000

2020年5月第1版 2023年10月第2次印刷

ISBN 978-7-5427-7750-8 定价：48.00元

課動心弦 比德于玉

（序 一）

初识姚瑜洁，还要追溯到首轮上海市班主任工作研究实训基地，当年，她以南汇区教师进修学院德育研究室教研员的身份成了第一批学员。南汇并入浦东后的2011年，她又以浦东教育发展研究院德育研究室教研员的身份参加了为期五年的上海市“双名”基地德育一组，我和姚瑜洁老师从相识到相熟，前后算算也有十四五年的时间了。前两年，她发表过一篇题为《追随师父取真经》的文章，叙述了我们之间深厚的忘年交情谊。在我的印象中，姚瑜洁老师就如她的名字一样，“要玉洁”——比德于玉，努力实现玉的“五德”：仁、义、智、勇、洁。事实也正如此，几十年来，她不为功利所诱，不为浮夸所累，扎根学校德育工作的最基层，钟情于班主任队伍专业化建设，默默坚守在德育研究的第一线，而且在坚守的同时坚持与时俱进，竭力于班主任工作的改革与创新，取得了令人瞩目的成绩：她曾获得上海市首届“育德之星”、上海市优秀辅导员、浦东新区园丁奖等荣誉。她还是浦东新区学科带头人、浦东新区首批高级培训师。先后受聘担任“国培计划”班主任培训班讲课专家、河南省洛阳市教师进修学校德育专家、上海市第三期中小学班主任带头人工作室小学联盟主持人、上海市郊区县骨干班主任研修班导师，编著了《特色，凝聚班集体力量》《社会主义核心价值观主题教育36课》等书。最近，她把数年研究“主题教育课”的成果整理成集。即将付之梨枣之时，托我为之作序，我欣然应允，其理由就是这本专著能给人以感动，启人以理性，催人以奋进。至少我们能看到：

一、凸显站位提升的立意感

首先，提升了政治站位。主题教育课是班级德育的主要阵地，学生成长的丰厚沃土，班主任专业发展的广阔平台。如何提高其吸引力、感

染力和针对性、实效性，这是当下班主任工作改革与创新的热点、难点、重点，党和政府给予了高度的重视，出台了许多相应的文件。这本专著能够聚焦立德树人的教育根本任务，坚持“提高班集体建设品质、促进班主任专业发展、惠及学生幸福成长”的理念，开展了主题教育课的专题研究，主动回应党和政府的文件精神，反映了这项研究的政治方向和政治站位。其次，提升了理论站位。主题教育课是上海广大中小学班主任在积极创新德育方式和载体过程中的探索性成果，具有首创意义，因此，更需要理论来解说和支撑。作者立足活动理论，围绕“什么样的教育最能拨动学生的心弦？最能拨动学生心弦的课是一种什么样的课？为什么这样的课最能拨动学生的心弦？如何让这样的课充分发挥拨动心弦的功能？”等问题，开展了焦点讨论法的实验，遵循班级活动的客观规律和班主任的认知水平，聚焦问题和薄弱环节，按照理论的支撑，给出了富有理论价值的回答，让我们感受到了理论之树长青的效应，使得本书具有了很高的学术价值和理论站位。再次，提升了实践站位。作者在本书中很好地把天线和地气做了一个对接，坚持以问题和需求为导向，一切从班主任工作和主题教育课的实际出发，进行了具有实践运用意义的研究和探索，体现了很强的实践站位。坚持政治站位、学术站位和实践站位是这本书非常明显的一个特点。

二、呈显系统架构的设计感

本书取名《“课”动心弦——让主题教育更精彩》，可见作者设计之精妙，凸显了书名的“窗户”功效：准确、醒目、生动、隐喻、活泼、提纲挈领等。作者按照主题教育课基本的关键性元素和操作性要求，把全书分成了“变革创生：主题教育课的前世今生；价值澄清：主题教育课的底色愿景；首屈一指：主题提炼和内涵解读；定位导航：目标聚焦与有效达成；盘活资源：内容选择的“素”途同归；独具匠心：形式更新的关键所在；互惠共生：运作系统的核心要义；向美而生：教育艺术的无限可能；他山之石：活力古猗的幸福追求”等九个章节，给出了理论与实践相结合的解惑之道，提供了可借鉴和可操作的克难之招，体现了作者系统架构的设计感和章节之间的逻辑性。综观全书内容和体例，我们可以看到作者的主要思路和基

本走向：紧密围绕立德树人的教育根本任务，牢牢扣住困扰基层一线班主任的瓶颈问题，紧密贴近他们专业发展的实际需求，聚焦班主任建班育人的操作途径——主题教育课这个难点、热点和重点，一切从问题出发，以需求为引领，上接天线，下接地气，中接理论，体现了作者与时俱进的大视野和大格局。尽管本书还有不少地方需要进一步提高，但总体上看，本书在整体设计上突出了鲜明的系统性、创新性、导向性、情景性、体验性和可操作性等原则，构建了主题教育课的目标与内容、方法与途径、管理与评价、组织与保障等体系，提供了一套基于科学思考的精致设计和系统架构，克服了班级主题教育常见的碎片化、脉冲式和突击性的倾向，具有很好的应用转换和迁移辐射价值。

三、彰显精气神韵的使命感

如果说前面两点主要是显现本书的学术价值，那么，透过浓浓的墨香，我们更能感悟到这本书背后叠映出的精气神韵——一种由献身教育的初心、爱满天下的情怀、教育本原的执着追求和高远的教育境界等辉映而成的崇高精神；一种锐意改革、开拓创新，攻坚克难、永不言败、仰望星空又脚踏实地的务本求实和追求卓越凝聚而成的浩然气概；一种由健康的价值观、高尚的道德情操和站在时代前头的学术水平以及不言之教的人文力量和润物细无声的人格魅力等集粹而成的美丽神韵。我想，也许这就是作者“比德于玉”的使命感之所在，让我们看到了她身上“一片冰心在玉壶”的“瑜洁”：一种永不言败的精神，一种蓬勃向上的朝气，一种坚韧不拔的意志，一种时不我待的劲头，一种奋力拼搏的力量，一种创新奉献的执着……让我们看到了一位普通的德研员锐意改革、开拓创新的足迹和成果，体验到了她在专业化发展道路上不断前行的艰辛和快乐，感悟到了作者务本求实、甘于奉献、追求卓越的理想光芒。

当然，我们还能读出许许多多，智者仁者，因人而宜，不足一一道来。但是我确信，尽管姚瑜洁老师是一位普通的德育教研员，却被褐怀玉；尽管这本书不是名家名著，却是璞玉浑金；尽管是他山之石，却可以攻玉，进而玉成其事、玉汝于成、玉琢成器！

《说文解字》有云：“玉，石之美。有五德：润泽以温，仁之方也；

䚡理自外，可以知中，义之方也；其声舒扬，传以远闻，智之方也；不桡而折，勇之方也；锐廉而不忮，洁之方也。”我想，姚瑜洁老师要追求的就是“玉有五德，以比君子”，她的姓名“要玉洁”正是佐证。亲爱的读者，你说呢？

——是为序。

上海市德育特级教师
上海市中小学德育研究协会副会长　陳鎮虎

序 二

“绳锯木断，水滴石穿”，语出宋代罗大经《鹤林玉露》，意谓天长日久，用绳子也能把木头锯断，小水珠亦可以把大石头滴穿，喻指力量虽小，但只要坚持不懈，终能做成艰难的事情。走过冬的凉薄，踩着春的脚印，用夏的炙热，凝结着秋的希望……姚瑜洁老师十几年如一日，深入研究主题教育课，书墨飘香，尽染芳华。

一、找定位——拓流开源

姚老师是德育教研员。教研员是做什么的？有人说，教研员属中小学教师；有人说，教研员是老师的老师；有人说，教研员是专门听课、评课的老师；有人说，教研员是管某个学科的老师；有人说，教研员相当于国外的学科督学……总之，教研员是一个比较特殊的岗位，是职业分化和发展的结果，教研员的专业角色与教师的职业角色是有所不同的，他应该是教育改革的引路人，是教师职业成长的铺路石，是学科研究的领头雁。

一个人自身的角色定位直接影响到工作的理念、方式和质量。作为中学德育高级教师、区首批高级培训师、浦东新区中小学德育工作坊主持人，姚老师能够找准自己的角色定位，成为班主任们的“大班主任”。

曾经听老师们这样评价：“姚老师不是在培训，就是在去培训的路上。”在知识不断更新的当今社会，姚老师始终将“善活动、精理论、会研究”作为自己的目标。上海市首批德育实训基地、市新农村培训者培训、市第三期双名工程……在几年一个跨越的阶段性学习进修中，她锲而不舍地为自身长远发展“加油充电”。她始终扎根在班主任工作的土壤中，积极捕捉和研究问题，在关注教育技能习得、掌握和运用的同时，从理论的高度对自己的经验进行科学提炼与总结，从实践的深度不断拓宽自己的教育视界，从生命的宽度滋养、辐射更多的基层学校、一线班主任和学生。她是研究者更是实践者，是指导者更是促进者，是管理者更是服务者，在教研

员这个重要的专业性岗位上发挥着独特的作用，自身也努力争取成长为一名研究型教师。

二、寻载体——引流入渠

班主任是班级工作的组织者、班集体建设的引导者、学生精神生活的关注者。《教育部关于进一步加强班主任工作的意见》中明确要求：班主任要组织好班集体活动。以班级为依托，建立起有合理组织的、有纪律的、坚韧不拔的和有自豪感的那种集体生活，这不但关系着学生个人思想品德的培养和教育，更直接影响着整个班风、校风的建设。如果说班级是一艘船，那主题班会（课）就是船上的帆，船有了帆的鼓动，才能乘风破浪；如果说班级是一棵树，那主题班会（课）就是浇灌的水，树有了水的滋润，才能根深叶茂；如果说班级是一个家，那主题班会（课）就是寒夜里的灯，家有了灯光，才能温润人心。

在十八年的德研员工作经历中，姚老师清晰地认识到"建班育人"的途径不胜枚举，而面向全体学生的主题班会（课）是德育的一个重要载体，是促进班主任自身专业化发展的一项看家本领，能够让班级管理从外部高压趋向内在自省、从枯燥说教走向体验感悟、从主观判断走向理性探究。在空洞的说教被证明无效的今天，德育的实施更需要讲究艺术，需要投入大量的精力去研究。姚老师"研"字当头，一是研究政策、明确方向；二是研究基层、寻找话题；三是研究规律，总结经验，她以主题教育课的研究，驱动自身思想行为的改变，用前沿的理论武装头脑，以开拓的精神探索求新，做到立足于实践探寻理论、借助于理论指导基层，推动班主任之间的专业对话，促使一线班主任在思维的碰撞冲突与实践的融会贯通中达成理解与共识，进而扣动班主任专业成长的内驱按钮。

三、细疏导——奔流不息

培养怎样的人？怎样培养人？为谁培养人？这是对所有教育工作者的时代之问。姚瑜洁老师交上了一份理性思辨的答卷，扣动众人的心弦。《"课"动心弦——让主题教育更精彩》一书基于长期的一线实践研究，是《社会主义核心价值观主题教育 36 课》的姊妹篇。

本书填补了主题教育课理论研究的不足。在众多的教育活动中，主题教育课结合班级与学生的实际情况开展，是“建班育人”的重要途径，也是班主任的重要工作内容之一。但由于缺少研究，相关的理论较少，实践也处于自生自灭的状态。本书丰富了主题教育课的相关理论，通过解读主题教育课的概念、明确其教育价值，分析主题教育课与主题班队会、社会实践的联系和区别，厘清主题教育课的特点、作用和设计原则，探索主题教育课的设计要素，把握实施要领，让主题教育课的理论研究以新颖的面貌呈现于教育工作者眼前，焕发德育工作的新活力。

本书结合班主任工作中的热点话题、焦点问题，通过大量体现时代特征、贴近教育实际的资源，用鲜活生动的语言、生动典型的事例、活泼新颖的形式，夯实德育课程的基础建设，引导班主任关注学生的成长需求，进一步增强新形势下班主任应具备的理论基础、操作技艺、实践能力和综合素质，也为班主任队伍专业化发展种学绩文。

处天外遥望地球很小，居体内细察心域极宽。从细微处入手“给人以双倍精神幸福”是主题教育课的初衷。“水滴石穿”在于一股韧性和一片恒心，不忘初心的精神是催人奋进的动力。细读此书，我们可以从字里行间感受到作者的教育智慧、创造性劳动的过程，以及满满的诚意和幸福感。衷心期盼广大班主任以科学的发展观审视、研究主题教育课，使其在加强和改进未成年人思想道德建设方面、在提高学校德育工作实效方面发挥应有的作用，也预祝越来越多的班主任借助主题教育课的实践与研究彰显专业风范。

“课”动心弦，带着初心、带着向往、带着执着，燃众人之育德馨香。

上海市浦东新区教育局副局长 陈纯

2019年11月

目 录

变革创生：主题教育课的前世今生

渊源流变——班级活动　百变班会

活动（广义的）是人本能的需要，人不能离开活动。人类在各类活动中满足着需求，发展着自身。人类是活动着的人类，人类在社会活动中前进。我们的教育事业，是社会宏观现象，是大规模系统化的社会活动。人才的成长离不开各种教育活动。班级活动在整体活动中占有很大的比例，班级是教育大系统里最基本的单位，是学生进行各种活动的第一环境。

一、一个故事触发的核心启示

美国俄亥俄州有一座房子，地理位置非常独特。下雨时，落在屋顶北侧的雨滴，与小溪会合后，流进附近的安大略湖，最终汇入位于加拿大东南部的圣劳伦斯湾；落在屋顶南侧的雨滴，则经密西西比河，最终流入位于美国南部的墨西哥湾。

在这座房子屋脊的最高处，两边雨滴的落点由于某种原因常常变幻不定。许多应该落在南侧的雨滴落在了北侧，或者应该落在北侧的雨滴落在了南侧。这些最初相距不过咫尺的雨滴，经蜿蜒流淌，最终抵达大海，彼此之间的距离竟达到了2000多英里。

令人惊讶的是，决定这些雨滴最终去向的，不过是从屋顶轻拂而过的一缕微风。

从咫尺到天涯的雨滴，不由让人感叹：许多看似微不足道的话语或举动，往往在不经意间影响着自己或他人，并最终改变了一个人的命运。

班级，是一个使学生逐步社会化的小环境。在这里，师生、生生之间共同体悟着教育的生命性。在平凡多元的交往中，一句话、一个动作、一个瞬间，就如那缕微风，成为促进师生成长的动力，成为改变师生生活走向的那个要素。

俗话说："滴水穿石，聚沙成塔。"有时，一次活动胜过一堆说教。"活动"影响人的关键因素在于它是潜移默化的、不动声色的。无数事实证明，在班级这个小环境里，"班级活动"的关注目标直接指向学生的道德提升和人格变化，促进学生的精神成长和心理发展。所以，上好每一节主题班队会课，就能悄然改变学生的认知。

二、一则规定引发的深度思考

教育部颁发的《中小学班主任工作规定》第十条中这样写道：班主任应该“组织、指导开展班会、团队会（日）、文体娱乐、社会实践、春（秋）游等形式多样的班级活动，注重调动学生的积极性和主动性，并做好安全防护工作”。

学校的教育教学是学生人生中一段重要的经历，是师生生命中有意义的、不复重来的组成部分。班级是学校中最基层、最重要的组织实体，学校的许多工作都要通过班级加以贯彻落实。

班级活动是以班级为单位开展的活动，除了班会、团队会（日）、文体娱乐、社会实践、春（秋）游等，还有晨（午）会、十分钟队会、雏鹰假日小队和研学旅行等。组织开展班级活动是班主任的工作职责之一。

（一）班级活动类型列举

1. 类型一：班会

《班主任工作大全》是这样定义“班会”的：班会是以班级集体为单位，以一定教育目的为指向的班级会议，是一种教育活动的形式，属班主任日常工作内容。

班会不一定由班主任主持，但对其主旨确定、内容设计、活动形式、活动效果等，班主任必须予以认定、指导和帮助。班会要定期举行，不论什么形式的班会，不论在哪个地点举行，都需要学生和班主任共同参加。

2. 类型二：团队会（日）

团是指共产主义青年团，队是指中国少年先锋队。团队会，又称主题团队会活动，是共青团或少先队组织领导的、以团队员为主体开展的群众性活动。一般事先拟好一个题目，由各小队围绕主题分工合作、共同筹备，进行团队会活动。表达形式可以多种多样，如交流、表彰、展览、联欢和演讲等。团队会提倡“自编、自导、自演”，培养团队员独立思考、独立活动、团结协作的能力。

3. 类型三：文体娱乐

文体娱乐简称文娱活动，是指一些和文化、娱乐相关的、有一定组织和规模的群体社会活动，如演出、讲座、展览、比赛、晚会、郊游、野餐、小型现场会、学校文化（体育、艺术、科技）节等。

4．类型四：社会实践

社会实践活动是学生按照学校培养目标的要求，在教师的指导下，利用每学期列入课程的固定时段或节假日等课余时间，走出教室，参与社会政治、经济、文化生活的教育活动。

5．类型五：春（秋）游

春秋游活动是休闲教育活动，学生在休闲活动中释放压力、放松身心，在游玩中学习知识、获得教益，在回归大自然中感受美的享受。

（二）班级活动谁担当

“人人都是德育工作者”这句话耳熟能详，揭示德育工作的全员性特质。校长、德育主任（政教主任）、年级组长和班主任是相关学生群体发展的责任人，是决定学校教育方向和学生发展路径的设计师；任课教师、后勤工作人员、家长和社会人士是学生健康成长的协助者。不同岗位的人员都作用于学生，对于学生成长产生不同的影响与价值。只有调动学生主体意识，整合各方力量，有效建构相关人员与班级、学生之间的良性关系，才能形成合力育人的良好局面。

三、一张课表生发的诸多困惑

年轻的小张老师在A校实习后，在B校工作，同时参加C校新教师培训基地的见习活动。有一次，她提出一个困惑：A校的课程表上写着“校班会”，B校的课程表上是“班会课”，而C校的课程表上则是“班队会”。她和其他学校的20多名新教师交流后发现，班会、主题班会、少先队活动课等名称都出现在课程表上，堪称“乱花渐欲迷人眼”。那么，课程表上的这一节课究竟应该写什么呢？

这还要从“活动”谈起，德育主题活动是根据德育目标和学生年龄阶段身心特点，把握住学生思想发展的脉络，结合学校、家庭、社会生活实际，针对学生在思想、学习、生活方面出现的问题，设定并围绕主题开展一系列的教育活动。从空间上分，学生活动分为校内和校外；从时间上分，校内活动又分为课内和课外，课内活动大都以班级为基本单位实施，即“上课”。课程表上有统编课程、地方课程、校本课程，有必修课程、选修课程、拓展课程。不同课程承担着不同的育人目标，构成了一个协同的生态教育系统。

随着时代的进步，课程设置也在“与时俱进”，信息技术、心理健康、生涯教育等新兴课程不断进入校园。但不论课程如何更新，班会课始终牢牢占据了课程表上的一个格子，是德育工作的主阵地，是班级德育活动的“法定”时间。

主题教育课作为开展班级活动的重要形式，作为与必修课同等重要的课程板块，被列入统编课程计划。

几乎所有的学校在课程表中都标出了每周一次的班会课时间，但对它的形式、内容以及教育目标等都没有明确的规定和划分。每周一节的固定时段，从参与范围来讲，有全校性的“校会”、全年级的“年级大会”、班级的“班会”；从组织者来讲，有德育部门的班会（课)、共青团的“团会（课)”、少先队的队会（课)；从活动类型上讲，有“会”和“课”两种。

因此，我们就不难理解，课程表上的这个“格子”是“班（校、团、队）会（课)”中的多样性名称了，是一个“百变格子”。

异同剖析——联系区别 抽丝剥茧

班会有两种形式，一种是由班主任进行道德谈话和讨论，如解释《学生守则》和学校的有关规章制度等。另一种是由学生班委会在班主任指导下自己组织、自己主持进行的，如讨论和决定本班重大事项、开展某项有意义的活动等，有时还可以围绕某一主题举行主题班会。

——摘自《教育辞典》

一、主题班会的现实意蕴

1．常规班会和主题班会

随着教育教学实践的发展，班会也在变革，有着丰富多彩的实施形态，《教育辞典》中所列的第二种形式一般分为常规班会和主题班会。

（1）常规班会

常规班会主要用于涉及全班性问题的讨论，如班级内重要活动的部署、阶段工作安排、相关工作小结、重大活动的认识统一等。

（2）主题班会

“主题班会”相对“班会”而言是一个“子概念”。它的界定本质上离不开“班会”的概念。《简明教育大辞典》定义为，“有一个明确的主题”的“班会”即为“主题班会”。我们普遍认为，主题班会是以某一个主题为中心，以班集体形式开展的专题活动。主题班会是一种重要的教育形式，它的中心目的更加明确，教育效果更好。

2．主题班会的形式

（1）报告式

围绕某个教育主题，邀请他人做专题报告或经验分享，通过优秀人物的先进事迹或经验成果等来启迪教育学生，报告人可以是校外的专家、劳模、家长、志愿者等，也可以是本校老师，或者是已经毕业的、高年级的优秀学生。

（2）娱乐式

娱乐是学生喜闻乐见的形式，娱乐式班会一般通过文艺表演的形式进行，

如讲故事、唱歌、跳舞、小品等，是学生展示才华、发挥表演才能的好机会，还能培养学生的组织能力，使学生得到艺术上的熏陶。

（3）交流式

主要倡导同班学生之间互相学习、互相交流，通过班会使优秀学生的好经验、好思想得到推广，达到参考、模仿、学习的目的。

（4）纪念式

包括对历史事件和名人的纪念，对重大节日的庆祝，对传统风俗的传承等。这种班会往往与社会上的纪念活动、庆祝活动合拍，利用某些社会条件来丰富班会的内容，让活动多姿多彩。

（5）展览式

班级文化建设中的系列成果、学生在课外的小发明、小制作，学生在作业、集邮、手抄报等方面的作品等，可以不定期地展览，用实物向大家来展示分享，并进行阶段性总结，激发学生的创作热情。

（6）测试式

测试式班会主要用于组织学生进行德育类检查、测试等。如行规知识问答、校风班风满意度测评、核心价值观问卷等。

（7）竞赛式

这种形式的班会是针对学生的竞争意识、好胜心理采用的一种活动形式，在“两阵”对垒中，融入哲理性、知识性或判断社会热点问题的竞赛。竞赛式的班会内容有知识性的辩论，如“国学达人挑战赛”等，还有自理能力的操作比赛，如叠衣服比赛等。

3. 主题班会的弊端

主题班会“两菜一汤”的操作模式存在一定的弊端（两菜：指学生主持、学生表演；一汤：班主任总结），往往是“学生主持中间站，老师坐在下面看，歌舞小品样样有，热闹过后曲终散”。召开一次类似的主题班会，又是排练节目，又要布置会场，耗费了许多时间，付出了大量的人力与物力，师生几乎“磨掉了一层皮”，这种类型的主题班会“投入过高”而“性价比不高”的硬伤已经严重影响师生积极性。

4. 主题班会的内涵和外延

当然，班会也在不断升级迭代，其形式是多变的，我们曾组织召开过由广受社会好评的“中国达人秀”脱胎而来的主题班会“礼仪达人秀”，看了让人耳目一新。班会的多种类型是对学生需求多样性的回应，符合教育复杂性的特

点。这也告诉我们，作为德育工作者，必须紧跟时代步伐，不断丰富班会的内涵，拓展其外延，为班会注入与时俱进的源动力。我们要把握好召开的密度和形式，方能使班会常开常新。

二、主题教育课的魅力彰显

在教育转型的大背景下，中小学发生着“静悄悄的革命”，教育理念、组织形式和师生互动方式都发生了很大变化，互动式、体验式的操作模式悄然兴起。《教育辞典》中的第一种形式，由班主任设计并主导的主题教育课发挥了其独特的魅力。

（一）主题教育课的定义

主题教育课是以学生为主体、班主任为主导，围绕某一个德育主题，通过课程形态，有计划、有目的地开展情境化的道德认知教育，引导学生在认知冲突和思想对话中进行道德交往，激发道德反应，获得道德体验，促进道德发展的集体教育活动，有意义的价值引领是活动的核心取向。它是班主任工作的有效方式之一，在教育学生和班级管理中发挥着十分重要的作用。

（二）主题教育课的关键要义

1. 课程形态

主题教育课的关键词是“课程形态”，主要指它具有“课”的基本要素，有目的，有主题，有内容，有过程，有评价。

（1）教育目的

教育目的是指主题教育课中师生活动的目标，具有明确的标志，主要反映国家提倡的思想道德、行为表现等标准。

（2）选题方向

主题教育课是以主题为核心的情境化道德认知教育。主题教育课的选题范围是非常广泛的，有思想观念方面的，如民族精神教育、三观三义教育（世界观、人生观、价值观，爱国主义、集体主义、社会主义）等；有基础道德方面的，如文明礼仪、公共道德等；有青春期、心理健康方面的，如性心理、性道德、挫折和焦虑等；有法治方面的内容，如怎样维护自己和尊重他人权利、交通法规等……学生成长中的许多问题都可以在主题教育课上加以讨论，这是一个多层次、多维度的教育空间。

（3）教育资源

教育资源是呈现给学生的教育内容，是开展主题教育课的重要组成部分。

它可以是生活中的疑难事、学习中的困惑、交往中的分歧……这些具体事件、具体思想、具体问题成为主题教育课的题材要素，特别是源于学生身边的生成性资源，使“班本化”的主题教育贴近学生、贴近实际、贴近生活，才能营造出水乳交融的教育情境，充当实现“活动目的”的媒介。

(4) 教学策略

教学策略是教学实施过程中的教学思想、方法模式、技术手段这三方面动因的简单集成，是教学思维对此三方面动因进行思维策略加工的方法模式。教学策略是为实现某一教学目标制定的、付诸教学过程实施的整体方案，它包括合理组织教学过程，选择具体的教学方法和材料，制定教师与学生应遵守的教学程序等。

(5) 教育评价

教育评价是指在一定教育价值观的指导下，依据确立的教育目标，使用一定的技术和方法，对所实施的教育活动、过程和结果进行科学判定。主题教育课中充满着是与非等认知选择，对此师生都会自觉或不自觉地进行“认知的、情感的或行为的”教育评价。

2. 集体教育

主题教育课是以班级为单位开展的集体性教育活动。班集体，在经济学家眼中，是社会劳动力再生产的组织形式；在社会学家眼中，是一个社会体系；在人类学家眼中，是传承、创造人类文化的基础；在心理学家眼中，有着特定的心理反应和行为表现。主题教育课的集体性教育活动主要体现在三个方面。

(1) 归属教育

班集体建设过程中，每个班集体的特征（思想观念、行为习惯等）将通过个体的自觉认同，在其身上留下印迹，这样，班集体就能以某些特征来识别属于自己的个体。主题教育课的集体教育是基于归属教育的，集体的“教”与个体的“学”完全是自主的、自觉的，而非强制或灌输式的。

(2) 同伴影响

随着年龄增长，青少年逐渐从遵从教师、家长的教诲过渡到接受同伴的影响，主题教育课中的生生互动带给学生个体的影响是教师和家长无法替代的。

(3) 个体社会化学习、实践场所

学生从童年时期就已经逐渐表现出独立自主的倾向，这是日后融入社会化的准备过程。个体的社会化不可能一蹴而就，需要长期的习得、践行，而班集

体正是他们最好的学习、实践场所，以满足学生个体社会化的需求。

3．对话与冲突

道德教育的最好途径就是进行道德对话，主题教育课为师生之间、生生之间的平等对话提供了有利的平台。在这里，教师可以更好地了解学生，以学生的角度看问题，进行针对性地引导；学生也会观察教师和其他同学的表现，寻求他人观点的合理性，重构自己的认知。激发思想冲突有利于在交往中理解、体会不同的做法，有利于确立正确的道德观念，促进自身行为的转变。

（三）主题教育课的特点

1．教育性

主题教育课作为学校教育的重要形式，必须全面贯彻国家的教育方针。包括主题选择、内容呈现、过程方法、师生关系等都应具有教育性，这是最核心的要求。

2．双主型

双主型即以学生为主体，以教师为主导。蒙台梭利提出：教育要关注学生主动性的发挥。以学生为主体，指学生须联系自己的知识背景、生活经历、兴趣爱好，将自己的经验、思想情感、道德体验传递给他人，同时，吸收他人的优点，并通过主体的自我构建，提升自己的思想道德认知水平，深化道德体验。在这个过程中，学生的主体积极性是达到和深化教育目的的关键因素。以教师为主导，指教师要充分发挥指导价值，要创设条件让学生去发现问题、提出问题、解决问题；要成为学生求学的设计者、组织者、引导者，要善于捕捉学生的思维火花，顺势而为，让星星之火得以燎原。

3．情境化

科尔伯格认为："带有冲突性的交往和生活情境最适合促进个体道德判断能力的发展。围绕道德两难问题的讨论是促成学生道德发展的一种有效手段。"教育心理学告诉我们：教育的影响要通过学生自身因素，经过其内在矛盾斗争，才能被接受。因此，教师要为学生提供形式多样、类型丰富的情境，让学生在活动中进行"再发现"，使道德认知情境化。

4．体验式

人类道德的学习可分为道德事实知识的学习、道德规范的学习和价值、信念的学习三种形式，道德事实知识的学习属于认知性学习，道德规范的学习、价值和信念的学习基本上是情感体验性学习。认知性学习十分重要，但情感体验性学习同样不可或缺，甚至更为重要。主题教育课重点是进行与道德学习相

匹配的“体验性”教育，引导学生在情境化的活动中体验、感悟，并逐步内化为自身的行为。

5. 开放式

主题教育课实施过程是开放的，不追求系统化与逻辑性。虽然，由于个人经验、家庭背景及个性特点、社会化水平的差异，每个人对主题的理解有所不同，但每个人的思维不应该受到限制，班主任应该为学生创设良好、宽松的人文环境，允许学生发表不同意见。只有在学生能够开诚布公、敞开心扉的前提下，班主任才可能促使学生的思想观点、道德认知在交流与碰撞中进行重构，以提高学生思想道德水准。

三、主题教育课与主题班会的联系与区别

（一）主题教育课与主题班会的联系

在班主任的教育实践中，主题班会和主题教育课都是常用的方式。存在即合理，任何一种教育行为都具有价值，都指向一定的目标。班会课也脱不出这个范畴。那么，“会”和“课”两者有什么联系呢？

众所周知，课程与学科是密切相联的，譬如“作文”之于“语文”，“几何”之于“数学”，“光学”之于“物理”……对于德育工作而言，什么最重要呢？显然是“活动”，所以，常有人说，“生命在于运动，德育在于活动”。从教育目标和对象这个维度来讲，主题教育课、主题班会都是德育类集体活动，都属于“活动”范畴，教育对象是相同的，均为学生，教育目标也一致，均指向“立德树人”。

1. 归属一致性

德育工作要抓好集体性教育和个别化教育，做到“两手抓，两手都要硬”。集体教育解决班级中的共性问题，个别化教育解决个别学生的特殊问题。主题教育课和主题班会都是以班级为单位进行的集体教育，都以课堂为阵地，除去之前的准备工作，都应该在一节课的时间里完成。

2. 目的一致性

虽然方式不同，但教育目标高度趋同，主题教育课和主题班会殊途同归，都承担着育人的目标。

3. 对象一致性

受教育对象相同，都是少年儿童；施教者相同，一般以班主任为主，也可以邀请其他老师、家长、社会人士担任嘉宾。

4．主题要求一致性

从主题这个维度来讲，主题教育课和主题班会都必须围绕一个主题进行深入探讨，力求教育效果的最优化。

（二）主题教育课与主题班会的区别

《班主任工作案例教程》中指出了班会与主题班会的区别：班会是一种管理班级实务、处理班级问题、开展班集体教育的形式，主题班会则是为了避免和克服一般班会单向灌输训诫的弊端，是对前者的一种改进。主题班会与班会的不同之处在于，前者内容主题化，方式情境化，参与活动的主体多元化。

那主题教育课与主题班会又有何区别呢？我们可以从几个维度加以区分。

区分维度	主题班会	主题教育课
主持人（执教者）	学生（常见为一男一女两位主持人）	老师
教师任务	活动前指导、活动尾声讲话、进行总结提升	课前设计、课中组织实施
学生任务	事先分工进行排练	当选参与、体验
组织形式	活动	授课
教育方式	侧重于情感熏陶	侧重于内在生成
活动过程	预设方案的流程基本不变	预设方案与动态生成相统一的过程

1．主持或执教者的维度

主题班会可以由老师主持，也可以由学生主持，或者由老师和学生一起主持，主题教育课主要由班主任进行组织推进，考验的是班主任的基本功。

2．组织形式的维度

“会”是指“多数人的集合或组成的团体”，主题班会都采用会议或活动的形式进行，而主题教育课以课堂为阵地，具有鲜明的课程形态，内容更多为道德认知类，偏重知识的系统性和逻辑性，具有较完整的教学运行机制，力求在一节课的时间里使全体学生从中受到专题教育。

3．教育目标的维度

两者都要落实情感熏陶、道德认知、道德实践的育人目标，但主题班会更

侧重于情感熏陶，主题教育课侧重于道德认知。

下面，以“感恩教育”为例作比较。

课型	主题教育课	主题班会
主题	父母的爱	感恩父母
活动过程	一、创设情境，回忆冲突 出示情境：降温，孩子还是穿短袖，对父母的提醒毫不领情。 1．师：她是怎么想的？ 2．师：你和爸爸妈妈之间是否也发生过类似的小小冲突？ 3．师：你是怎么处理的？	一、歌曲导入，全班伴唱 播放《爸爸去哪儿》主题曲，主持人出场。
	二、深情回顾，深入认识 1．师：讲述自己小时候和妈妈之间的一件事情，板书课题。 2．生：回顾生活中与父母的点滴往事，和大家分享。	二、聆听故事，感受母爱 小海鸥广播台的《孟母三迁》和《关于一位陪读母亲的平淡故事》。
	三、讲讲算算，反思自我 1．讲一讲：你的父母做什么工作？什么时候上班，什么时候下班？工作时间长吗？你觉得父母辛苦吗？他们为什么要这样辛苦地工作呢？ 2．算一算：父母每一天要为家庭做多少事，付出多少时间？ 3．想一想：你有没有分担父母的艰辛？	三、诗歌朗诵，感受父爱 播放 childhood memory，听配乐诗朗诵《父爱是一首读不完的诗》。
	四、寻找对策，有效沟通 1．师：现在，对于你们刚才讲到的和爸爸妈妈之间的小冲突，你还有更好的解决方式吗？（有目的地选择典型交流）	四、班级合唱，感恩父母 小组合唱《给爸爸妈妈的歌》。
	五、走近父母，感恩父母 1．今天，你回家以后想怎样表达对爸爸妈妈的爱呢？ 2．现场排练诗朗诵，表达感恩。	五、歌舞表演《感恩的心》
	六、教师总结，点题升华	六、班主任讲话总结

主题教育课“父母的爱”由班主任来引导、启发、总结，以“亲子冲突”的情境讨论贯穿活动始末，引发学生对“感恩”这一话题的深入思考，在生生、师生的语言交锋、思想碰撞和认识提升的动态生成过程中，教师及时作出价值澄清，探寻解决路径。

主题班会是学生自主型的活动。“感恩父母”由学生自己设计活动方案，由两名学生主持，通过讲故事、诗歌朗诵、大合唱、歌舞表演等形式歌颂、感激父母养育之恩。呈现过程中，学生是主角，班主任在活动结束时进行适当的点评总结。

校园无小事，事事皆育人。主题教育课是符合学生生理、心理发展的一种教育形式，是学生认识世界、塑造价值观的方式方法，有助于改变现有状态的有效路径。主题教育课展现出特有的魅力，以紧凑的时间、精到的细节剖析、多维的思想碰撞成为高效的育人阵地。主题教育课是一个广阔的空间，唤起你我大胆实践出“真知”，扣动学生的心弦，打造德育的流行色。

价值澄清：主题教育课的底色愿景

法定时空——功能定位　回应诉求

某中学召开一次主题为“分享经验，共同提高”的德育论坛活动。W老师和八年级学生共话“友善之花，悄然绽放”，从班级事件——课堂风波导入，以感受友善、寻找友善、践行友善为主线，引导学生明白友善是一种人生态度，以阳光的心态践行社会主义核心价值观。H老师和七年级学生交流了“文明伴我行”的主题，从表演《拍手歌》引入，以走进文明、感受文明、践行文明为主线，引导学生从一点一滴的小事做起，增强文明意识，养成文明的好习惯。说课评课的研讨环节，有一名班主任提出了一个问题：“主题教育课和其他课有什么区别，比如思想品德课”，引起了大家的热议，笔者应邀发表了自己的看法。

——源自一次学区研讨展示活动上的提问

一、问道西东，回应三个为什么

（一）为什么有了《道德与法治》教材还要有主题教育课

1．系统性

从学科体系来讲，主题教育课偏重于专题教育，没有现成的教材，不具系统性；《道德与法治》有着独立的学科体系，使用统一出版的教材，如以前上海小学使用的是《品德与社会》，初中是《思想品德》，高中是《政治》，从2018年起使用国家统编教材《道德与法治》。

2．鲜活性

从材料的鲜活性来讲，主题教育课能选取当下发生在学生身上或身边的真实案例，更加凸显直观性、真实性；因为教材编写周期比较长，《道德与法治》需要维持其一惯性和稳定性，不会年年更新，所选的案例都是发生在几年甚至十几年前的素材，因此，也有人戏称，是用几年前的事例教育当下的孩子应对未来几十年的境况。

3．针对性

从教育针对性来讲，主题教育课重在解决本班学生的实际问题，针对性更

强；而《道德与法治》体现了国家对学生的基本要求，还要通盘考虑到各省市、各地区的实际情况，更强调普适性。

4. 及时性

从教育及时性来讲，因为主题教育课的即时性非常强，针对当下发现的本班学生中存在的问题，解决点上的问题；而《道德与法治》受众面非常广，是解决面上的共性问题。

5. 执教者

从执教者来讲，主题教育课一般由班主任老师执教，协同其他老师和家长、社会力量，对学生进行相应的专题教育，师范大学没有开设专门的班主任培养专业，班主任的流动性比较大。《道德与法治》的课程由专（兼）职的教师任教，师范大学也有相应的政治系等培养专业教师队伍，队伍的稳定性较强。当然，目前，班主任兼任的情况非常普遍。

6. 课时设置

从课时设置来讲，1998 年起，原国家教委以规章的形式明令“各级教育行政部门和中小学校应切实保证校会、班会、团（队）会、社会实践的时间”。这是教育行政部门以“指令性计划”的形式，专门分配给班主任的教育时段。而其中，开展主题教育课的时间由班主任自行确定。课表上每周一节的班会课，可以是主题教育课，也可以是主题班会。《道德与法治》每周排进课表，小学一至三年级每周二节，四、五年级每周三节，中学每周三节。

所以，主题教育课和《道德与法治》课是一对孪生兄弟，是相辅相成，互为补充的。

（二）为什么有了班会（课）还要有团队会（课）

1. 领导者不同

学校是行政事业单位，主题教育课的职能管理部门是学校德育处（政教处）。少先队和共青团组织是群众性组织，团队会（课）由少先队大队部和共青团组织进行管理。

2. 体制不同

主题教育课是全员参加的，因为大多数学校采用的是班级授课制。少先队和共青团组织是自愿申请，得到批准后方能加入，目前，少先队组织实行全员入队制度，共青团则择优吸纳。

3. 教育方式不同

主题教育课落实上级德育政策精神，由班主任根据实际情况组织实施。少

先队是中国共产党委托共青团带领的少年儿童群众性组织，有着强烈的政治属性，团队会（课）侧重于自下而上，发挥团队员的主体性。

当然，在中国共产党的领导下，教育工作者秉承育人目标是基本一致的。

（三）为什么有了主题教育课，还要有社会实践活动课

1．空间不同

主题教育课是以课堂为阵地开展的专题教育，通过社会实践活动引导学生走出校园，融入到鲜活的社会生活中去，积极体验，加深对道德认知的理解和践行。主题教育课是小课堂，社会实践活动是大课堂。

2．组织不同

主题教育课主要由班主任组织实施，社会实践活动中，所有任课教师都可以担任指导工作，也有家长、社会人士一起参与、指导学生制定实践方案并加以实施。

3．方式不同

主题教育课以班级为单位进行，是全班师生参与的集体教育活动。社会实践活动可以自行灵活组合，如按研究专题、兴趣爱好、相近地区等进行分组，组成小团队，人数随意。

4．主题不同

主题教育课围绕一个主题进行深入探讨，力求活动效果的最优化。社会实践活动中，每个小组可以自行选题，一般有多个主题齐头并进。

必须强调“知行合一”，校内小课堂上习得的知识，要在社会大课堂中得以践行，主题教育课与社会实践是和合共生的。

二、立体模式，落脚于三线一面的育人格局

古语云：十年树木，百年树人。可见育人之难，育人之中“育德”应放在首位。德育的“三线一面”之说，清晰地勾勒出德育工作的路径。

1．第一条线

第一条线是德育课程，如“道德与法治”，原来小学的“品德与社会”、初中的“思想品德”、高中的“政治”学科和“心理健康教育”等德育专有课程。

2．第二条线

第二条线是班（校、团、队）会（课）、晨（午）会（课），按照各校的实际情况设置，均纳入课程表。

3．第三条线

第三条线是贯串 12 年的社会实践活动，引导学生走出校门，在丰富多样

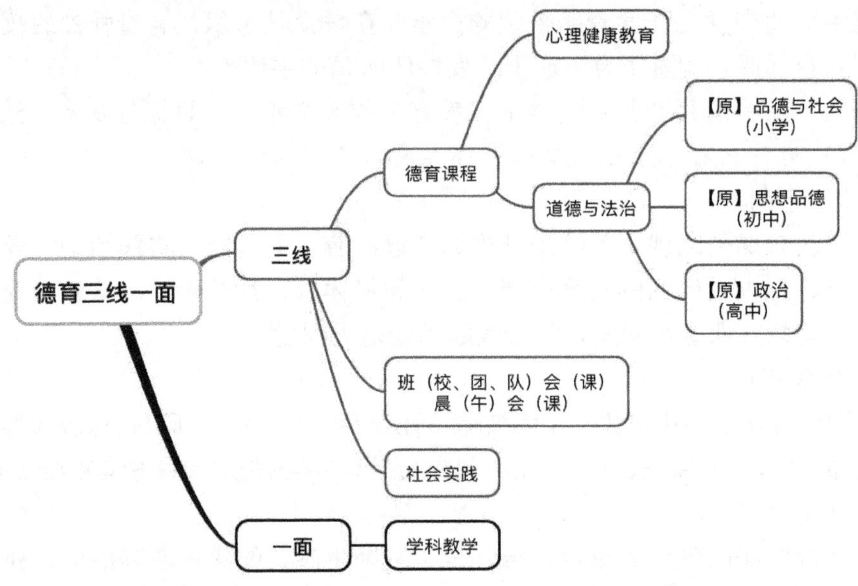

的社会环境中去体验、感悟、践行，解决“知行合一”的问题。

4．一面

一面是指各门学科、各个领域都要渗透德育，学科中本身蕴含着丰富的德育元素，是学生德性养成的催化剂，只有寓德育于各科教学和各项活动之中，德育才能真正落到实处。

学生在两个世界中成长：知识世界和生活世界。“知识世界”引导学生获得知识、开启智慧、拓展心智视野；“生活世界”启迪、培养学生的生活感受力，增进、丰富个人的生活体验。知识世界与生活世界的融合，才能培养完整的人。学校教育从“知识世界”出发，努力把知识世界与生活世界联系起来，引导每一个学生面对“生活世界”，成为有德性的人，“三线一面”是德育工作的主阵地和主渠道。

三、固本强基，主题教育课的功能定位

提问：以每学期20周作为一个基数，一学年就是40周，班级每周召开一节班会课，一学年就是40节。那么，一个学生从小学一年级到高中（中职）毕业，12年期间，参加了多少节班会课？

回答：40×12=480（节）。

提问：以每节课40分钟计算，共多少分钟，可以折算成多少小时？

回答：480×40=19200（分钟）=320小时。

可以推算出，每个学生将有19200分钟、320小时左右的时间是在班会课这个时段中度过的。不算不知道，一算吓一跳，为什么在课时这么紧张的情况下，班会(课)还能雷打不动地占据必修课的位置呢？这就要从班(校、团、队)会(课)承载的功能来说了，本文便聚焦于主题教育课的功能剖析。

1．上接“天气”——对落实上级要求而言，是主阵地

教育活动的开展是有章可依、有据可查的。作为一名德育工作者，在日常工作中要积极主动贯彻落实上级部门的文件精神，德育工作有许多规范要求，如《德育大纲》《中小学德育工作指南》《上海市学生民族精神教育指导纲要》《上海市中小学生命教育指导纲要》等。这些政策性文件如何落实呢？主题教育课能寓教育于活动之中，有“短、平、快”的教育功效，是实施德育大纲，进行德育活动的最好载体之一，是班主任对学生进行教育的主阵地。

2．下接“地气”——对班集体建设而言，是奠基石

苏霍姆林斯基说过：“集体是教育的工具。”集体教育可分为校级教育、年级教育、班级教育和小组教育等形式。就集体教育而言，这四种教育形式缺一不可，但班级教育是最主要的形式。这是由班级授课制的体制所决定的。班级的设置决定了教育教学活动更多地以班级为单位开展。主题教育课是促使班集体建设的最强有力的动力，有助于实现班集体教育目标，培养学生的集体荣誉感和责任感，从而增强凝聚力，是班级发展和学生成长的奠基石。

3．左接“人气”——对教育对象而言，是催化剂

一般认为，思想品德的心理结构由知、情、意、行四个要素组成，即道德认识、道德情感、道德意志、道德行为习惯，任何一种道德品质的形成和发展，都离不开这四要素的培育。教育者通过主题教育课活动平台，给受教育者以启发、引导、培育，在活动中加深认识、丰富情感、增强意志、付诸行动。活动中，学生有话可讲、有话能讲、有话敢讲，充分展现学生个性。主题教育课聚焦生命拔节成长的过程，让动态资源变成促进学生人格成长的催化剂。

4．右接“底气”——对班主任专业发展而言，是助推器

班华教授在《班主任专业化的理论与实践》一书中指出：班主任专业化是教师专业化的一个特殊方面，其特殊性可以概括为两个方面：一是从教育劳动的性质看，主要是精神劳动，是与学生心灵沟通，促进其精神方面的发展；二是班主任有其特殊的教育操作系统，即发展性教育系统。因此，班主任工作的特殊性决定了班主任专业发展的多样化特点。正是在班主任专业化目标要求的引领下，主题教育课才日益受到重视。主题教育课是班主任技能的核心要素，

为众多班主任提供了成长的舞台，班主任需树立正确的教育观、提高班主任在班集体建设中的组织管理能力，成为促进班主任专业化发展的助推器。

5. 中间接“和气”——对多边关系而言，是润滑油

教育是一项多边活动，教师、学生、家长，学校、家庭、社会都是这个活动的主角。主题教育课提供了教师和学生之间对话的机会，促进师生间的了解和沟通，是构建良好师生关系的桥梁。从社会学意义来讲，主题教育课不仅成为学生自主发展的舞台，还成为联系家庭、学校和社区的桥梁，一切对学生发展有利的教育资源都可纳入其中。主题教育课有效拓展了班级教育空间，成为多边关系的润滑油。

主题教育课是一种集体性的教育活动，针对班上学生存在的共性问题开展教育活动，具有形式生动活泼、针对性强、时间短、收效快、参与人数多的特点。因主题从学生的思想实际出发，从小处着眼，故而易激发学生的参与欲望，使这种集体教育被内化为学生个体的自我教育。主题教育课是学生道德认识的阶梯、情感的熔炉、行为转化的动力、健康成长的沃土。

四、回应诉求，主题教育课的价值取向

1. 主题教育课的价值取向，符合德育工作要求

2004 年《中共中央国务院关于进一步加强和改进未成年人思想道德建设的若干意见》指出：思想道德建设是教育与实践相结合的过程……各种道德实践活动都要突出思想内涵，强化道德要求，并与丰富多彩的文体活动结合起来，注意寓教于乐，满足兴趣爱好，使未成年人在自觉参与中思想感情得到熏陶，精神生活得到充实，道德境界得到升华。

2006 年《关于进一步加强中小学班主任工作的意见》指出：要组织好班集体活动。指导班委会、少先队中队、团支部开展工作，担任好少先队中队辅导员，组织开展丰富多彩的团队活动；积极组织开展班集体的社会实践活动、课外兴趣小组、社团活动和各种文体活动，充分发挥学生的积极性和主动性，培养学生的组织观念和集体荣誉感。

主题教育课的价值取向，是符合德育工作要求的，这在一系列文件中都能得到验证。

2. 主题教育课的价值取向，符合活动理论

“人本、人权”是活动理论的两大要点，“人本”关注人的生存状态和生命的本质；“人权”关注儿童成长过程中的权利和心理需求。活动是孩子的天性。

主题教育课是众多活动形式中的一种，它的价值取向符合活动理论的本意。

3. 主题教育课的价值取向，符合班主任角色定位

《班主任工作管理规定》指出：班主任是中小学日常思想道德教育和学生管理工作的主要实施者，是中小学生健康成长的引领者，班主任要努力成为中小学生的人生导师。班主任应该承担起为每个学生的终身发展导航的重任，而活动是人生导航的最佳载体，班主任应该充分认识到角色赋予自身的历史使命，正确定位，充分利用自身的知识，精心设计一个个有吸引力的、有关联的、能延续的活动，引导学生进行道德认知，感受绵延的精神力量，奠定人生的坚实基础。

4. 主题教育课的价值取向，符合班集体建设的主旨

苏联教育家马卡连柯指出："教育了集体，团结了集体，加强了集体，以后集体自身就成为很大的教育力量。"班集体是按照班级授课制的培养目标和教育规范组织起来的，以共同学习和人际交往为特征的社会共同体。优秀的班集体是在为实现集体的共同目标而进行的一系列活动中形成的，形式多样的主题教育课能更好地达成班集体的奋斗目标，培养正确的舆论导向和良好的班风、学风，增强团队凝聚力，引领班集体健康发展。

循规蹈矩——规避误区　秉承原则

这样的场景，您或许不陌生：台上，班主任张罗了一周以来的“好事”与“坏事”，口若悬河地开始了击浊扬清的40分钟表演，婆婆妈妈、东拉西扯，甚至声东击西，只恨“上天不再给五百年”；台下的同学们，有的交头接耳，有的昏昏沉沉，有的麻木不仁，有的“两耳不闻室内事，一心只读圣贤书”，权当又上了一节自习课……难怪有同学私下调侃说“班会课，周周上，先总结，后希望”。这种“自习课”“批斗课”“训话课”，导致“课就是课，生活还是生活”，久而久之则造就了一个个课上与课下、校内与家庭表现截然不同的“双面人”，主题教育课似乎也成了一些班主任心中永远的“痛”。

——摘自百度贴吧（略有修改）

一、主题教育课的误区

1．随意化

现在不少学校比较重视主题教育课，形式多样，内容丰富，但是缺少科学的顶层设计与整体架构。这些课要么“大同小异”，要么“因人而异”，难以进入学校整体课程体系的范畴。主题教育课的内容往往随着形势的变化而变化，缺少自身的稳定性、逻辑性和系统性，游离于学校主体工作之外。

2．低效化

学校和老师为主题教育课投入了大量的精力和财力，但没有取得相应的教育效果。每次结束，师生身心疲惫，满腹怨言，“形式主义”“又是老一套”“没劲”，给人感觉雷声大、雨点小。主题教育课与学科教学相比，存在着目标过于空洞，形式脱离主题，评价缺少指标，教育的有效性难以检测等问题。

3．蚕食化

有些班主任害怕开主题教育课，往往不知如何下手，干脆把主题教育课变成自己任教学科的“一亩三分自留田”，补缺补差，新授复习，成为学科的“加餐”。

二、主题教育课秉承的原则

1. 教育性原则

主题教育课要有明确的目标，锁定当下要解决的主要问题，提高学生的认知、行为和情感熏陶。主题教育课重在对学生学习生活的指导，对人生理想信念的培养，以及对学习动机的激发。与学科教学相比，主题教育课不偏重知识技能，而是定位于学生身心的全面发展，不是从教师和家长意志出发，而是站在学生的立场上，从学生主体发展的需要出发，进行整体设计，进而实现教育过程中学生角色的转化，实现教育的目的。

2. 真实性原则

“真实”是主题教育课的生命线，是主题教育课必须遵循的原则。真实性体现为选题真、内容真、形式真，内容尽可能源于学生生活或社会发展现状，避免传统德育的套路，呼唤教育本原。

3. 适切性原则

适合的才是最好的。学生是活生生的生命体，每个年龄段的学生都有着不同的特点和需求，不同年龄的学生适合学习什么内容是受其心智限制的，过难或过易都不适合；内容要适切，同一个主题，低年级以知识讲授为主，辅以师生对话交流，而高年级则以情境思辨为主。任何教育的价值体现，都必须建立在与学生成长需要相适应的基础上。

4. 创新性原则

创新是一个民族进步的灵魂，是国家兴旺发达的不竭动力。教育同样需要创新，主题教育课的主题确定、内容选择和形式更新应该富有创意。可以配以紧扣主题的音频、视频，可以邀请成功的学长或名人现场说法，也可以加入小组讨论、正反辩论、学习任务单、问卷调查、情境思辨等形式，调动学生参与的积极性，活跃气氛。

5. 方向性原则

在教育目标上，主题教育课要坚定不移地贯彻党和国家的方针政策，坚持育人为本，重视学生思想政治素质的培养，把促进学生健康成长作为一切工作的出发点，为中国特色社会主义事业培养合格的建设者和接班人。

6. 灵活性原则

主题教育课的实施是一个动态发展的过程，具有生成性和不可预测性。在实际操作过程中，常会遇到意想不到的事情发生，这就需要班主任对此快速地作出反应。如果是有积极意义的、难得的教育契机，班主任一定要把握好，使之成为课堂活动的资源。如果是与主题不相干的，教师就要及时调整学生的注意力，尽快地回到主题中来。

7. 整体性原则

德育工作是一个系统工程，需要整体规划、分步实施。主题教育课是学校整体德育工作的重要组成部分，不可能孤立存在，必须紧紧围绕学校整体工作展开，形成合力，才能有助于各项工作的推进。

8. 体验性原则

赖华强的《班主任工作案例教程》中有一句话："让他做事，让他在做事中明白责任；让他受苦，让他在受苦中懂得珍惜；让他失败，让他在失败中懂得对失败的免疫；让他流泪，让他在流泪中体会泪水铸造的坚强；甚至可以让他受伤，让他学会体悟舔舐着伤口匍匐前行的伟大与悲壮……"主题教育课要注重创设各类情境，引导学生在参与中体验，在体验中感悟。

9. 主体性原则

主题教育课不仅是解决问题的钥匙，更是学生成长的平台。主题教育课遵循"过程有学生参加，形式要学生接受，成效要学生认同"的原则，将德育知识内化为学生良好的思想品德，外显为优雅的言行举止，体现德育工作对于学生社会性发展的价值意义。

作为班主任，要准确把握设计原则，最大限度地挖掘其育人功能，顾及生命整体的各个层次，扩展活动的辐射度，提高活动的有效性。

主题教育课只是教育的一种形式，一节课的教育效应会随着时间的推移逐渐淡化。教育学生光靠一两节课是远远不够的，还需科学的管理和耐心细致的个别转化。主题教育课是教育的法定时空，拓展了学生视野，丰富了班主任的教育手段，为班级教育开辟了一个崭新的空间。主题教育课是对学生进行正面教育、达到自我完善的一条行之有效的途径。让我们一起深入研究主题教育课，在方寸之地铺就一条教育风景线，使之成为"扣动学生心弦"的一缕强音。

首屈一指：主题提炼和内涵解读

雷达搜索——上下先后　长短乾坤

@姚姚：姚老师，在吗？有急事，在线等！

@流星：您好！我在啊。

@姚姚：学校领导安排我上一节主题教育公开课，可我一点思路也没有，您能帮帮我吗？

@流星：好的，学校有什么具体要求？

@姚姚：没有啊。所以我更抓狂。

@流星：接到开课任务，您的第一反应是什么？

@姚姚：我第一反应是“哎呀，我上什么呢”，心里没底啊！

@流星：其实这个“什么”就是主题。主题教育课，主题是关键。我们先聊一聊选题吧。

@姚姚：好的。

主题教育课首先得有好的主题，主题是一个成功活动的灵魂，有着纲举目张的作用；主题是课堂的主线，链接所有内容，贯穿于课的始终；主题是众矢之的的目标，直击心灵深处；主题还应是定音的哨子，明确学生思想教育的主旋律。

一、上下通吃策略

按空间格局划分标准，主题可以有“上与下”之分。“上”是指从社会大背景中提炼主题，即“大主题”；“下”是从学生日常生活中选择主题，即“小主题”。但“上与下、大与小”仅仅是相对概念，并非截然分开，大事件也需要小切口，小事情也可以挖掘大意义。

（一）上接天线，“大”中见“小”，从社会大背景中提炼主题

主题应当体现社会、学校和班级思想教育工作的要求，做到“大中见小”，这里的“大”指国内外的重大事件和各类上级的要求，“小”指学生的实际思想。

1. 节令性主题——日日有戏

节日教育是德育工作重要的内容。《上海市学生民族精神教育指导纲要》中明确指出：学校要开展专题节庆活动，引导学生体验和感受节庆纪念日中蕴含

的中华民族传统文化、传统美德，并以课程、主题教育活动等形式保证落实。

生活中有许多节日或纪念日，像禁毒日、学雷锋纪念日、端午节、母亲节等，一年四季有许多传统节日和现代节日，节庆纪念日具有深刻的教育意义，要挖掘其内涵，分析节日所蕴涵的各种侧重点，在此基础上，找到适合学生成长的切入口，让活动成为班集体建设的助推器。

日　期	传统节日	日　期	传统节日
农历腊月初八	腊八节	7 月 29 日	火把节
农历十二月三十	除夕	农历七月初七	七夕节
农历正月初一	春节	农历七月十五日	中元节，又称鬼节，盂兰盆节
农历正月十五	元宵节	农历七月三十	地藏节
农历二月初一	中和节	农历八月初一	天医节
农历二月初二	春龙节	农历八月初八	下巳节
农历二月十二	花朝节	农历八月十五	中秋节
清明节前一天	寒食节	农历九月初九	重阳节
4 月 4 日或 5 日	清明节	农历十月初一	寒衣节，又称祭祖节
农历五月初五	端午节	农历十月十五	道教下元节
农历五月十三	雨节	公历 12 月 22 日前后	冬至
农历六月初六	晒衣节		

通过对节庆日相关背景的讲解，结合重大节庆纪念日的情境设计，进一步深化学生对相关主题内容的了解，具有深刻的意义。这样的主题有“过春节，话春联”“欢欢喜喜闹元宵”“九九重阳节，浓浓敬老情”“共赏圆月话中秋”等。

2. 时事性主题——事事关心

明朝东林党领袖顾宪成在《名联谈趣》中云：“风声，雨声，读书声，声声入耳；家事，国事，天下事，事事关心。”

主题可以因“势”而来，这里的“势”指新形势。时代在进步，社会在发

展，教育也在革新，“两耳不闻窗外事”显然和时代要求格格不入。主题提炼应该紧扣时代脉搏，如：教育法规、政治形势、尖端科技、影视天地、体育明星、心理健康、性知识、安全、法治、挫折、文明上网、远离毒品等等，任何教育主题的价值实现，都必须建立在与学生成长需要相适应的基础上，把握教育发展的趋势，从国际国内出现的热点话题或大事件中挖掘主题，显现教育的广度。

如，随着现代信息技术的发展，网络为当代青年学生提供了一个全方位、多渠道的沟通平台，改变了青年学生的文化价值观和思维模式。网友林超是一个军事迷，他创作、连载的系列漫画“那年那兔那些事儿”的话题阅读量高达1.3亿，《人民日报》、“共青团中央”、“紫光阁”等官方微博屡次向广大网民推荐。二次元与爱国主义教育的融合迸发出了强劲的生命力，成为典型性网络传播事件，对新时期青年学生产生了重大影响。南汇四中S老师就以此为主题，进行了系列教育。

3．任务性主题——件件落实

（1）国家任务

国家颁发的各类政策性、指令性文件和工作经验、理论成果等是实施德育工作的法规性文件，文件规定了中小学德育目标、内容和要点，体现了国家对学生德育工作的最基本要求，是选题的主要依据。2017年颁布的《中小学德育工作指南》重点推进以下5大版块内容：理想信念教育、社会主义核心价值观教育、中华优秀传统文化教育、生态文明教育和心理健康教育。

如，浦东新区“德行千里”德育团队根据价值观个人层面的要求，进行了有益的尝试，于2019年9月出版了《社会主义核心价值观主题教育36课》一书。

爱 国	敬 业	诚 信	友 善
小小中国结，传递中国情	图书管理“花样经”	匹诺曹讲诚实	好伙伴，对对碰
那些年，我们用过的农具	小小外卖，使命必达	守时小飞机 快乐上学去	今天，你微笑了吗？
厉害了！中国制造！	镜头里的值日生	诚信守规VS快乐游戏	有话好好说
小硬币，大思考	敬我学业	丢失的拼图	同桌的你
我家的年夜饭	小岗位，想说爱你也容易	“信”成方圆，快乐出行	“丢丢”回家

续表

爱国	敬业	诚信	友善
保护河道，从我做起	今天我当值日班长	鼻子，鼻子，别变长	小小志愿者，大大一份爱
中国茶，中国味	乐乐上学记	“蒋诚信”和“梅诚信”	有你在，真好
谣言，你怎么看	醉·旗袍	拉好勾勾，说话算话	化干戈为玉帛
极限挑战之我爱我家	敬业者最可爱	好信用，刷刷刷	向校园欺凌说不

36篇方案分为“爱国篇”“敬业篇”“诚信篇”和“友善篇”。它根植于中国传统文化，古有“捐躯赴国难，视死忽如归”的爱国之志、“春蚕到死丝方尽，蜡炬成灰泪始干”的敬业之心、“凡出言，信为先，诈与妄，奚可焉”的诚信之规、“桃花潭水深千尺，不及汪伦送我情”的友善之情。它又体现了时代精神的需要，聚焦于社会主义核心价值观对个人层面的要求，即“爱国、敬业、诚信、友善”，也反映了浦东新区各学校落实和推进社会主义核心价值观教育的力度和成效。

（2）学校任务

可以根据学校的德育工作要求选择主题，如某学校设立了每月教育主题：1月“爱心教育月”、2月“行规教育月”、3月“法治教育月”、4月“生命教育月”、5月“感恩教育月”、6月“诚信教育月”、7月和8月“社会实践月”、9月“民族精神月”、10月“文明礼仪月”、11月“阳光体育月”、12月“健康教育月”。

（二）下接地气——“小”中见“大”，从学生日常生活中选择主题

一叶落而知天下秋，“小”指学生生活中的一些小事或普遍现象，“大”指这些小事、现象中蕴含的道理，或反映出来的学生身上存在的问题。“小”即选取的题材小、角度小；“大”即立意的深刻、视野的广阔。“小”中见“大”是指能见微知著，由一物之微触动世界的大，从某个小点反映出更深、更广的主题。主题源自学生，以学生的现实生活为基础，关注学生当下的情境，从学生的现实生活中寻找对他们健康成长有价值的主题。从小处着眼，在一个侧面或一个点上找到“小题宽作”的源头。班主任要把握好学生的思想脉搏和群体态势，把来自学生的信息融入教育教学活动中，或褒或贬，启发思考，从中悟道，

做到“好雨知时节，当春乃发生”。

1. 生活类主题——琐碎中有契机

主题要从学生中来，学生生活中处处蕴藏着教育的契机，一个具有敏锐观察力的班主任，要善于从学生细微的行为表现中捕捉教育的契机，分析原因，了解事实，挖掘出具有教育意义的素材，提升自理自立和心理承受能力。

如小学五年级主题教育课“共享单车　共想安全”设计之初，X 老师发现，如今共享单车普及率非常高，《中华人民共和国道路交通安全法实施条例》第七十二条明确规定，行驶自行车、三轮车必须年满 12 周岁。而现为五年级的学生即将符合骑车的年龄条件。一次，X 老师听见班内一群学生在议论骑行单车时惊险、刺激的场景，并以此炫耀。X 老师认为，由于家长的疏忽和学生安全意识不高，学生擅自骑行单车引发的事故屡有发生，共享单车的骑行隐患必须引起重视，有必要开展一次以骑行安全为主题的讨论，以提高学生自我保护的意识。

2. 学习类主题——日常中有共鸣

从学生需求出发，更好地激励他们参与的积极性。

如，Z 老师刚接手四（3）班时，看到有些学生因粗心大意发生了许多烦恼事，有的上学忘带课本，有的回家作业没听清楚要求，有的作业格式或者内容不合要求，有的答题不完整……因此，她以学生中经常出现的粗心状况作为突破口，设计了一堂“告别小马虎　学习更给力”的主题教育课，和学生探讨养成好习惯的重要性。

3. 人际交往类主题——矛盾中有碰撞

人是群居性动物，相处中难免会产生矛盾，有时还可能导致冲突，发生欺凌弱小的事情，甚至演变成暴力对抗。每个集体在一定时期内都会产生一些突发事件，有意见分歧的，有性格不合的……梳理学生和成长中遇到的人际交往类问题，把问题交给“主题教育课”。

如 P 老师所带的班级中大多数孩子都是独生子女，不少学生在家被父母长辈呵护备至，是家中的“小皇帝”，不懂得如何调节负面情绪，遇到一点点不顺心的事就会大发脾气，做出种种过激行为：有的摔本子，有的与同学大打出手……也有一些比较内向的学生，不善于宣泄自己的负面情绪，憋在心里，使自己越来越消极。这一年龄段的学生，过分抑制或盲目宣泄都会对身心造成不良影响。P 老师设计的“你好，负面情绪”针对三年级的学生正面临心理转折期，情绪波动性较大的特点，让学生掌握正确控制自己情绪的方法。

4. 社会公益类——实践中有反思

社会公益类主题，关注社会服务活动，是引导学生处理个人与社会关系的一个方面。“还‘公益’一份‘公利’”中，针对‘贫困山区助守行动’更像走秀、让贫困地区学生‘应接不暇’的现象，厘清学生对公益的认识，并自测参与过的公益行为，建立真正的公益理念。“‘友’你在身边，‘益’花开满园”“‘安’的爱之种子在发芽”引导学生体会小小善举可以温暖他人、快乐自己，愿意从身边小公益做起，友爱他人，友善社会。

二、瞻前顾后策略

按时间格局的划分，可以有“先后”之分。“先”是指未来可能会出现的、需要预设性引导的问题，称为预防性主题。“后”是指已经或刚发生的问题，需要及时纠正，通常称为解决问题型主题，呈现出突击、应急的特点。

1. 预防性主题——选题要“知时节”

《易·既济》云：“君子以思患而豫防之。”就是要未雨绸缪，防患于未然。选题也要讲究超前预测性，对将要发生或可能发生的一些迹象、苗子，提前做好疏导教育，才能防微杜渐。如考试前的诚信教育，考试后的挫折教育及心理疏导等主题。但班主任既要看到问题，也要看到学生身上蕴藏着很大的发展潜能，关照学生的生活需求，聚焦学生的精神成长，把学生的发展作为研究的起点。教育的价值就在于找准学生内心的兴奋点，潜移默化的切入点，外因内化的结合点，把可能转变为现实，并生成新的发展可能性，彰显主题选择的价值所在。预防性主题，可以更好地起到引领、促进的作用。

如初中七年级主题教育课“红丝带飘起来”，主题选择敢于正视学生成长的“敏感地带”。据不完全统计，目前，我国中学生正遭受着“白色污染”“黄色污染”等的毒害与侵袭，15 到 24 岁的青少年成为艾滋病的高危人群。联合国儿童基金会公布的有关调查数据显示：有关艾滋病的知识在青少年中普及率还很低，我国对于青少年预防艾滋病方面的教育仍显不足。七年级的学生正处于青春期，渴望了解性知识，此时是建立正确性爱观的最佳时机。每年 12 月 1 日世界艾滋病日来临之际，以“红丝带飘起来”为主题开展教育活动，提醒学生珍爱生命，提高自我保护意识。

2. 即时性主题——选题要“识时务”

如果说预防性教育是“未雨绸缪”的话，发现问题马上开展的即时教育就是“亡羊补牢”。培根曾说：机会老人先给你送上他的头发，当你没有抓住，再

抓时，却只能摸到他的秃头了。所以当问题暴露时恰是教育进行时，针对学生即时性问题来选择主题的方式，就像医生治病时对症下药，针对性强。

总之，我们应该认识到，问题是随时会出现的，局限于解决已经暴露的问题，会使班主任处于“救火队员”的疲劳状态。我们要把握好“预防性和即时性”相结合的策略，在把握学生现状的基础上，对可能出现的潜在性问题也要有所考虑，做到“保健与治疗”兼顾。

三、长短不一策略

按运作时间的划分标准，有“长短”之分。“长”是指长周期，主题选择要具备长程设计意识，做到大中小幼全年段的有机衔接；“短”是指短周期，可以是一个学期、一个月，或者是一个阶段，重点突破。

1．长周期主题——长程设计

杜威的经验论中提到：经验是连续性的，连续性原则应用到教育上，它的意思是指在教育过程的每个阶段都要顾及未来的情况。学生的发展是一个持续的成长过程，前一阶段的发展为后一阶段的发展奠定了基础，整个成长过程是无法分割的，同时，每个阶段，学生都会表现出该阶段独特的个性。某种意义上，不同的年龄阶段会获得不同的经验，使人做好准备去获得未来的、更深刻的、更广泛的经验。主题确立时，要注重系列性，既要纵观学生从低年级到高年级的整体学校生活，又要注意各个年龄段的特殊性，建构有层次且逐步推进的主题，从而实现横向年度系列和纵向年级系列的立体平衡。

一节主题教育课的承载力有限、影响力有限，只有通过总体规划，开展长期的系列活动，才能达成长远的教育目标。在确定的总目标下，形成每学年的主题教育课计划，把各种纪念日、节日、活动月及时政大事都纳入班集体建设的既定轨道，每节课都是整个“战役”中的一次“战斗”，要从整个“战役”着眼进行部署。

全程设计要着眼于全局，既要注意内在的联系，又要体现各阶段（短周期）的特点。

（1）从纵向看，要“深”

要构建起从起始年级到毕业年级各个阶段的主题活动，由浅入深、螺旋递进、形成序列、相互联系、相互促进，充分发挥整体德育功能的主题活动体系。以某校初中为例，六年级侧重于适应性教育、习惯养成教育；七年级进行生命教育、集体荣誉感教育；八年级注重青春期教育、感恩教育、网络教育，并逐步引导学生向自主、自觉、自律转化；九年级进行理想教育、责任教育以及考前心理调适。

（2）从横向看，要“宽”

在各个主题之间找到交叉点，并有所侧重。养成教育、班集体建设、心理品质教育、励志成长教育是最经常、最具体、最直接的。主题设计时，要着眼于螺旋式上升，形成系列，如S老师利用《那年那兔》开展爱国主义教育，主要采用课堂教学、网络学习和自主学习相结合的模式。以《那年那兔》的内容为本，教师课堂教学为点，学生合作学习为线，学生自主学习为面，按时间线索从辛亥革命开始至当下“朱日和阅兵”为止，用几年时间，形成系列化的爱国主义教育。

2. 短周期主题——重点突破

短周期主题也称为阶段性主题。长周期的主题要细化成短周期的阶段性主题，才能得以落实。

（1）根据学生所处学习阶段的特点确立主题

新生入学教育时，要向他们介绍校史和校友的情况，激发认同感和上进心；入学初，重点是适应期的一日常规、人际交往、角色定位等主题；考试前，关注学法探讨和考试纪律的话题；考试后，选择挫折教育的主题；寒暑假时，交通安全、游泳安全、消防安全等成为重点。每个学期的头尾要注意阶段性的特点，新学期开始要让学生从假期松散的状态中走出来，而学期末则要关注学生的备考，减轻因考试引起的紧张焦虑。

（2）根据学生的年龄、心理和生理特点确立主题

小学中年级，学生的自信心会出现一个波折期，增强自信心的主题就很有必要；初中阶段，学生自我意识进一步提高，性的觉醒是这个阶段的特点，成为教育的重点；高中阶段，成人意识进一步发展，人际关系特别是异性之间的关系开始变得敏感，生涯规划、考前减压等都应重点关注。

四、乾坤挪移策略

按关键要素划分，可以有“事件、人物、时空”三个维度。小学语文老师在教授写作技巧时，会强调“时间、地点、人物”三大要素，迁移到选题策略时，可以从“事件、人物、时空”这三个维度巧妙选题。

1. 事件定题法

事件定题法是根据国内外大事或身边发生的事确定主题。选择事件内容时，

要有时代性、真实性、针对性，避免盲目性、随意性。如“那年那兔那些事儿”“向校园欺凌说不”“我眼中的战狼”“带着国旗去旅行”“红丝带飘起来”等。

2. 人物定题法

人物定题法是以人物姓名、称谓等为题目来确定主题。运用此法要注意所选人物要有影响力，以激荡学生情怀，震撼学生灵魂。正面人物产生激励导向作用，催人奋进；反面人物引起反思，产生警戒效应。如“匹诺曹讲诚信”“身边的人最……”“爸爸，我爱您”“我和时间交朋友”等。

3. 时空定题法

时空定题法是以时间、空间来确定主题。任何事情的发生、发展都在一定的时空中进行，可以用时间、空间单独定题，也可以时空结合定题。如“高桥好声音”“临港总动员”“舌尖上的尚德”等。

反复推敲——主题解读　画龙点睛

浦东新区姚瑜洁德育工作坊学员在“全国中小学班主任核心素养提升暑期高端论坛”上的展示片段。

顾：工作坊布置了一个任务，设计一节主题教育课。中华传统文化源远流长，博大精深，选什么主题呢？

秦：传统节日比较好，贴近学生生活，学校也经常开展这类活动，比较接地气。

顾：节日很多，春节、元宵节、端午节、重阳节……选哪一个呢？

秦：中秋节怎么样，花好月圆人团圆，这个主题不难写。

顾：很赞的想法，但，这个内容太“大众”了，如有雷同，纯属巧合吗？

秦：不行啊，那就啃一块难啃的“骨头”，以“质”取胜！

顾：要说难，就属冬至了，其他节日，学校里搞活动都挨得上边，就这个“冬至”，学生接触的比较少，但它既是二十四节气之一，又是中国的一个传统节日，好像有“冬至大如年”的说法。

秦：是的，一般“冬至”都有祭祖、家庭聚餐等习俗，但这些习俗很难在课堂上呈现，还得看看有没有其他的习俗，花点巧心思了。

顾：我觉得冬至传统很多，祭拜先人，吃饺子，家人团圆，“忆传统迎冬至”这个主题怎么样？

秦：嗯，但“忆传统”范围太广，没有聚焦在重点上……

顾：冬至是不是有一个传统叫“数九”？一首《数九歌》琅琅上口，而且又凸显立意，彰显劳动人民的智慧结晶。

秦：这个可以有，冬至数九，主题聚焦，而且新颖，吸引眼球的。

顾：我们再深入挖掘冬至的内容，比如“消寒图”，这个绝对长知识。九九消寒图是中国汉族传统民俗，与数九的民俗密切相关。这个一定很有趣哦。

秦：“冬至数九画消寒”，就这样爽快地决定了。

关于“解读”,《现代汉语词典》上这样解释:(1)阅读解释;(2)分析研究;(3)理解体会。由此可见,“解读”较之“分析”,其内涵更为丰富、全面,外延也更为宽泛、博大。主题解读不容忽视,它是进入活动方案设计层面的行动指南,更是每一篇方案的思想纲领。

一、瞄准靶心

某校组织主题教育课方案设计活动,提出这样的要求:学校要开展传统节庆活动,组织学生体验和感受传统节庆纪念日中蕴含的中华民族传统文化、传统美德和革命传统,并以课程和主题教育活动等形式保证落实。请据此设计一节主题教育课。老师们各显神通,形成以下选题。

节庆纪念日	主　题
九月九重阳节	九九重阳节,浓浓敬老情
正月十五元宵节	小汤圆,大情怀
八月十五中秋节	赏圆月话中秋
五月十五端午节	粽叶飘香话端午
四月五日清明节	清明祭祖,百姓寻根
每年五月的第二个星期日母亲节	妈妈的手
三月十二日植树节	我和小树齐成长

上述命题中最核心的关键词有三个:传统节庆纪念日,中华民族传统文化、传统美德和革命传统。7名老师分别拟定了标题,“九九重阳节,浓浓敬老情”“小汤圆,大情怀”“赏圆月话中秋”“粽叶飘香话端午”“清明祭祖,百姓寻根”审题正确,因为重阳、元宵、中秋、端午、清明都是传统节庆纪念日。而“妈妈的手”“我和小树齐成长”偏离了靶心,因为母亲节和植树节不属于传统节日纪念日。母亲节最早出现在古希腊,时间是每年的一月八日,而在美国、加拿大和一些其他国家则是每年五月的第二个星期天。为了纪念一贯重视和倡导植树造林的孙中山先生,1979年全国人大常委会把三月十二日定为我国的植树节。可见,拿到要求,首先要审题,找到关键词,方能有的放矢。

主题解读还要瞄准学生的内心世界。开展“中国梦”系列教育时，杨园中心小学Z老师发现班中学生大多来自外来打工家庭，平时比较自卑羞怯，即使有梦想追求也不敢和别人说，于是将主题确定为“有梦大声说”，活动定位在引导学生与同伴分享自己的梦想，“大声说”则是对学生自信心的鼓励，鼓励他们敢于与他人分享梦想，接受他人的评论。

同时，主题的确定要符合各阶段学生的认知水平、年龄特点，如以“环保”为主题的课，低年级可以关注爱惜粮食、节约水电等具有简单操作性的、力所能及的小主题；中年级则可聚焦环保知识的拓展、积累和交流；高年级可以挖掘旧物改造、废物利用等主题。简而言之，主题设定要将“大的”变成“小的”，把“远的”变成“近的”，把“深的”变成“浅的”，把“虚的”变成“实的”，把“他的”变成“我的”，从而更贴近学生实际情况，为学生健康成长服务。

二、咬文嚼字

> 两年前，F老师要参加上海市德育中学高级教师的职称评审，当年的命题是这样的：由本人直接策划、组织、实施一节班（校）会课，以“友善”为主题，根据所授课学生的实际情况进行设计，具体内容要符合学校德育要求，结合学生特点，内容要求真实可信，形式丰富多样。

这是一次“半命题”的主题教育课，规定了选题方向，能更好地体现区分度。首先，明确指导思想，主题设计不仅要贯彻国家、主管部门的文件精神，更要基于学校德育整体工作和本班学生实际情况。

《关于培育和践行社会主义核心价值观的意见》指出：“友善”是强调公民之间应互相尊重、互相关心、互相帮助，和睦友好，努力做到我为人人、人人为我的社会主义新型人际关系。“友善”是公民应当坚守的社会主义核心价值观之一，在化解社会矛盾、调整个人心态、营造社会和谐氛围中起到一定的作用。

对友善内涵理解分为三部分：与己为友，悦纳自我；与人为友，乐于助人；与自然为友，保护生态。在逻辑关系上，先与己为友，这是友善最基本的核心，一个连自己都不爱的人，如何去爱他人呢？在此基础上，再深入探讨另外两层含义。从知情意行出发，整体构架：（1）认识友善是指乐于助人，心怀善意，是现代公民的基本道德守则；（2）内化“友善”的可贵品质，争做友善待人、待物、待自然的当代小公民；（3）传承、发展中华传统美德，让爱人、爱己、爱自然成为人生的信仰，树立积极的人生观，为践行高尚的个人道德素养而不

懈努力。(4) 友善不止步于校园，亦折射于社会，应该成为学生成长路上的必修课。

三、一题多解

某区曾定期组织开展班主任主题教育课技能比赛，逢单年分小学、初中、高中三个组别报名，经过校级选拔、分片复赛、区级决赛三轮PK后，获得三个组的一等奖选手于次年进行区级展示，有力地推动了区域性主题教育课研究的深入开展。2007年，华师大附属周浦高级中学C老师斩获一等奖，2008年，C老师即将进行区级公开展示，正当公开课的前几天，突发“5•12”汶川大地震，撼动了大半个中国，牵动了整个神州大地，具有高度政治敏锐性的她马上捕捉到这个热点，紧扣大地震这一举国震惊的重大事件进行重新备课。展示活动后，与会班主任进行了一次教研活动，结合本次重大事件，专门进行主题解读，思考班主任可以对学生进行哪些方面的教育？以下是笔者在活动中的发言。

1. 视角一——责任教育

灾难无情人有情，恰是责任担当时。当灾难降临时，我们首先应该互助，这就是一种责任。只有每一个同胞心连心、手拉手，才能救助幸存的兄弟姐妹。当然，每个人的身份、角色不同，承担的社会责任也不尽相同。作为学生，我们不能前往灾区救助，但我们可以为同胞真诚地祈祷；作为学生，我们没有大把的款项资助灾区，但我们可以捐出自己的零花钱，为灾区的同学尽一点绵薄之力；作为学生，我们没有专业的医护知识去救死扶伤，但我们可以用同龄人的关爱，以书信的方式呵护那些受伤的心灵……也许，我们不能做的事太多太多，但我们可以做一些能做的事，这也是我们义不容辞的担当。

2. 视角二——生存教育

“学会应对灾难，紧急逃生自救”是第一要务，针对生存的教育是最需要、最有用的教育。“我们不可能完全预见灾难的发生，但是，面对突如其来的灾难，如果学生们掌握了基本的自救知识和技能，那么，就可以避免许多损失。”最典型的例子，某年泰国普吉岛海滩突发海啸，一名10岁的英国女孩，首先发现，立刻大喊大叫及时唤醒游客，拯救了几百人的生命。许多国家从幼儿园开始，就有应对自然灾害的“生存课程”，公共图书馆的画册以图片的形式让孩子们辨识龙卷风、火山喷发、岩浆……如果遇到了灾难该怎么办；上学以后，

防灾演习、自救课程是每个学生都要掌握的。在澳洲，每个城市地图的前几页，都会把常见的车祸例子及如何自救，以图文形式告诉每个市民。我国中小学教学大纲中也增加了应对灾难、提高自救能力的生存教育内容，引导学生学会制订应急预案，进行逃生演习。某年 1 月 27 日晚上，上海某地发生了一场火灾，北郊高级中学的 L 同学冷静地先关掉家中的电源，再用毛巾浸水、捂住口鼻、冲出火场，还救了邻居家的阿婆。面对突发事件，如何冷静判断，规避风险，自救救人，提高生存能力，是值得研究的主题。

3．视角三——民族精神教育

2008 年汶川大地震，是中华民族团结精神的集中体现。灾难无情人有情，危急时刻，生死关头，全国人民伸出了援助之手，军人、医务人员首先进入现场抢险、救助，后方百姓提供物资援助，在天灾面前，民族精神得到了最好的体现，这是对学生进行教育的绝好素材。

4．视角四——感恩教育

（1）师爱无疆

在汶川大地震中，人民教师受到了众人的尊重，为人师表的教师群体在废墟中闪闪发光。谭千秋、张米亚、苟晓超……那一刻，老师的双臂是天使的羽翼，老师的足迹是一条最宝贵的生命线，老师的怀抱是生命的港湾，老师的呼唤是世上最悲壮的赞歌！

（2）母爱亲情

大灾大难面前，母爱孕育了一个个看似不可能的奇迹。一个人奇特的死亡姿势，双膝跪着，整个上身向前匍匐着，双手支撑着身体，有点像古人行跪拜礼，只是身体被压得变形了。当人们小心地把压在她身上的石块清理开时，在她的身体下面竟然躺着她的孩子，包在一个红色带黄花的小被子里，大概只有四个月大，因为有母亲身体庇护，毫发未伤，抱出来的时候，还安静地睡着，熟睡的脸让所有在场的人感到温暖。一部手机塞在被子里，屏幕上是一条写好的短信："亲爱的宝贝，如果你能活着，一定要记住我爱你。"看惯了生离死别的医生却在这一刻落泪了，随着手机的传递，每个看到短信的人都潸然泪下。这就是母爱的伟大。

（3）感恩祖国

全国人民万众一心，最终取得了抗震救灾的胜利，这首先要归功于我们强大的祖国，繁荣富强的祖国才是亿万人民坚强的后盾，是我们在灾难面前强大的精神支柱，感恩让我们变得更加坚强团结。

5. 视角五——生命教育

生命之于人类，就像亮光之于眼睛。如今个别青少年对生命何以如此漠视？与同学产生一点小摩擦，就蓄意杀人；学习压力太大，心理承受不了，就跳楼自杀……对此，家庭、学校和社会都有不可推卸的责任。专家指出：青少年自杀和暴力倾向不仅仅是心理问题，青少年生死观念的淡薄、对自己和他人生命的漠视令人担忧。但也有积极向上的例子，在“5•12”抗震救灾的现场出现过这样的画面：一个伤痕累累的小男孩在担架上向抬他出来的武警战士敬队礼，一个满脸血污的小女孩在废墟下读书，三个小女孩在废墟中互相唱歌鼓励对方，一个被沉重的水泥板压住了下半身、只有上半身才能动弹的女孩对记者说：“大哥，请你把我拍得美丽一些。”灾难中同龄人的勇敢、坚强、乐观、向美让人倍感生命的可贵。

6. 视角六——心理健康教育

在网上，看到了汶川大地震时触目惊心的图片：大片房子倒塌、人们在大街上四处躲避；在视频里，看到地震发生时楼房摇摇晃晃的场景，看到人们脸上现出的恐慌之情，看到有人因为打不通亲人电话而焦急万分的样子……地震带给人们各种各样的恐慌，甚至是直面死亡的威胁，这些都提醒我们，需要进行相应的危机干预和有效的心理疏导。

莎士比亚笔下只有一个“哈姆雷特”，可是，为什么这部作品在一千个读者读过后，就有了一千个不同的“哈姆雷特”形象？这是因为，每个人对故事的关注点不同，融入了各自的观点，他们都在用自己的观念去理解，作出价值判断，也就催生了不同的结果。因此，同一事件、不同角度的审视，会赋予主题教育课不同的内涵。

四、凸显立意

所谓立意，是我国古代文人写作中的一个专用术语，指确立所写文章的主题思想。主题教育课围绕某一主题做文章，自然也就要有它的立意。

所谓高立意，是指主题要高远。联想集团董事局前主席柳传志在总结联想的成功时，将其归结为创业之初的立意高远：“立意高，才能制定出弘大的战略步骤，才能一步步按照你的立意去做。立意低，只能蒙着做，做到哪里算哪里。”此话可以为主题教育课借鉴，只有以高远的目标吸引人，才能塑造出优质的主题。

文化的传承必然要经历一个“输入浸润”和“内化输出”的过程，传统文化的积淀，为学生滋养身心打下无形的基础，培养学生良好的道德情操和健全的人格。设计主题教育课时，在对主题的内涵深刻理解和精细分析的基础上，更要注重文化品位的提升。

“一招一式探咏春”武味十足，不仅能挖掘尚武之人的精神内涵，树立习武之人尚德、健体、扬正气的正能量形象，而且根据小学生年龄特点设计了三个学武“秘籍”——学扎步“悟坚持”、巧辩论“懂友善”、观视频“学勇敢”，学生在练习三个武功“秘籍”的同时，也收获了“我坚持”“我友善”“我勇敢”的品质，更领悟了“咏春魂”的隽永绵长。

“千年胡韵　万里琴缘”以来自美国的艾丽拜师学艺为主线，她连闯演奏家设置的历史关、构造关和人物关，最终成功拜师。课中，两个人物的设计有深意，师父的形象凸显出代代琴师对传统文化坚持不懈的守护和传承，借小巧简约的二胡传出了千年之音；外国友人艾丽的成功拜师，意味着中国民乐成功走向世界舞台，号召国人增强文化自信。

“小灯笼，大学问”按照时间的演变介绍灯笼的历史，古韵浓浓。让学生感受到灯笼离我们并不遥远，了解灯笼在国外的身影，并渗透了“持之以恒”“精益求精”的匠人精神，将有形的灯笼传统文化载体上升到无形的精神层面。

“举‘箸’轻重　筷意人生”烹制了一道精心、精美、精妙的“筷子文化大餐”，带领学生依次走入“知筷”“用筷”“送筷”的神秘境界，在实践体验中感悟中华文化之智慧——天圆地方的筷子，圆的象征天，方的象征地，是中国人对自然界基本法则的理解，七寸六分的筷子是人七情六欲的暗示，是古人对情绪控制的自我警醒。

“粉墨春秋　国粹韵味”让学生们在曲韵中感受丹青朱墨、生旦净丑的唱腔是表里如一的文化传承，在动手体验画脸谱中懂得粉墨勾勒下的脸谱是人性善恶的体现，感受到这是中华民族生生不息的文化流派，是流淌在中国人心中不变的国粹韵味。

中华优秀传统文化是华夏祖先智慧的结晶，是中华民族卓越创造力和思想情感的体现，是取之不尽、用之不竭的宝库。中华文化以其独一无二的理念、智慧、气度和神韵，给中国人自信和自豪。浦东新区“传统文化我传承”系列主题教育课注重立意提升，从优秀的传统文化中撷取精华，在思想上激励人、在价值上引领人，在精神上滋养人，在学生们的心田埋下了一颗颗传统文化的种子。

五、四大要点

1. 主题要有深度——小，高立意 + 低起点

一堂主题教育课，应集中力量解决一个问题。问题太多则不好驾驭。如果一节课涉及的事例多了，主题就不清晰了。主题要小到可以触摸，能细嚼品味，在一个侧面或一个点上纵深化，起到“小题大作”的效果，切忌泛泛而谈，或蜻蜓点水。

某青年教师围绕“同学之间应该怎样友善相处”的主题，意图从“助人为乐”“有话好好说”和“有了误会怎么办”三个方面入手，试教下来，发现事例过于分散，一个问题也没悟透，一个问题也没解决。后来，改为集中力量解决“助人为乐”的主题，就达到了比较好的效果。

2. 题目要有亮度——新，时效性 + 实效性

主题要有新意，时代感强。爱国主义教育、集体主义教育、文明礼仪教育是教育永恒的主旋律，是多年不变的“常规”主题，新时期，我们不但要赋予其新的内涵，还要有所“创新”发展，做到“常规”中见“创新”，从传统教育中拓展主题。

爱国主义教育的大主题如何分解，抽象的爱国主义教育如何具体到学生能看得见、摸得着、做得到？以“爱我中华”为题，进行爱国主义教育就显得过大，不如化大为小，像“小小中国结，传递中国情”“那些年，爷爷用过的农具”“小香包　大智慧”“我家的年夜饭”“小毛笔，大乾坤”“保护河道”，切入点新颖，主题落脚点实，把爱国主义教育具化成为国民的自觉行为。

3. 主题要有精度——针对性 + 需求性

不同年级、不同层次、不同性别的学生，思想喜好和需要都不一样。学生最迫切想了解什么，他们在本阶段亟需哪些方面的指导等，在了解了学生的思想状态和需求之后，主题就能根据学生的需求而定了，这样的教育才不会仅仅流于空洞的说教。

传统文化历史悠久，是中华民族几千年创造的宝贵财富；传统文化博大精深，是中华民族语言习惯、思想观念、情感认同、文化传承的集中体现；传统文化包罗万象，衣食住行、琴棋书画、诗词歌赋、历史人文、运动健身、工艺技法、节庆节气等，和生活息息相关。浦东新区一些学校的班主任们结合自身的知识体系，认真梳理浦东地域特色，对主题进行了个性化的解读和选择。沪语、香包、舞龙、重阳节、茶文化、老八样、方块字、针线盒……离学生或近或远

的传统文化在老师们的妙笔下化作了一个个充满诗意又不失趣味的主题。

主　题	设计者	主　题	设计者
举“箸”轻重“筷”意人生	杨丽丽	小宣纸　寿千年	王遥珏
诗意扇子　与善同行	叶静燕	镂空的美	张玲巍
针尖上的“芭蕾”——苏绣	潘志燕	小灯笼　大学问	沈玲洁
祖辈们的“百宝箱”——奶奶的针线盒	朱佳丽	三毛和我学沪语	杨燕青
九九重阳　微孝每一天	乔静	方块字里探春秋	周洁
食老八样　传祖辈情	肖华英	舞动祥龙	任之涵
粉墨春秋　国粹韵味	孙其芬	千年胡韵　万里琴缘	尹轶青
一招一式探咏春	唐高俊	悠悠茶香　浓浓茶情	丁佳慧
中国相声　欢笑百年	陈瑞	闻香识医　包揽古今	潘王平

4. 主题有向度——激趣＋激情＋激思

向度指一种视角，是判断、评价和确定一个事物的方位、角度、层次的概念。设计出利于激情、激趣、激思的主题，是匠心独运的体现。

（1）主题要利于激趣

激趣，即激发兴致、雅趣。“小小音‘悦’会”一课中，“悦”不是音乐的乐，而是喜悦的悦。温柔动听的声音给人舒服的感受，让人喜悦，且易被他人接受，用美妙的“悦”声去寻求帮助，自然容易获得成功，且帮助者与受助者都会收获快乐和喜悦；同样，用温和悦耳的语言教育他人，会得到别人的认同、配合，还能收获友谊。例小太阳“悦”团用真诚、甜美的声音得以与身边的朋友们快乐相处。

（2）题目要利于激情

青少年天性活泼，感情丰富，热情洋溢。若主题干巴巴、冷冰冰，一副教育人的面孔，参加者就会如坐针毡，又何谈其实效呢？若主题富有感情色彩，如春风扑面，就能激发与会者的热情，使他们全身心地投入，产生共鸣。如感恩系列主题教育课，“报春晖”“亲亲父母心”“爸爸、妈妈，我可以做得更好”“走

近父母”“我最爱的人”“父母的爱＝无价”“给爸爸妈妈点赞”“老师，谢谢您的爱”“身边人最……”“穿越时空，感恩社会”“感恩自然，给力你我他”“感恩从“星”开始”“心存感恩，成就人生”“学会感恩，真情告白”“感恩有我”“拥有一颗感恩的心”“感恩故事达人秀”等，主题均有拨动心弦之功效。

（3）题目要利于激思

激思即激发思考，思考是思想升华的基础，是提高领悟的前提。题目应是学生关心的、感兴趣的，这样才能激发学生思考、辩论的热情。好的题目应以激发学生积极参与为宗旨，要启发学生从题目生动、形象的字面去领悟内含的哲理。如“谣言，你怎么看？”“今天，你微笑了么？”。

六、推敲琢磨

主题内涵解读需要咬文嚼字，主题词句更需推敲琢磨，须用挑剔的目光去审视，力求直达学生心灵深处，成为达到预期目标的“总开关”。另有一种“雷人”的视听效应叫“标题党”，利用大众的好奇心、猎奇感，在这个“信息疲劳”的时代“搏人眼球”，应该给我们一定的警示。

1．问题式。如“今天，我们怎么扔垃圾”“谣言，你怎么看”“注意力，你hold 住吗”，通过提出问题的形式，引发大家的思考。

2．时尚化。如“图书管理‘花样经’”“厉害了！中国制造”“和借口 say byebye”“诚信守规 VS 快乐游戏”，运用了网络热词，符合年轻人的话语习惯。

3．核心概念式。如“送一个微笑”“帮助的味道”“火口脱险”，关键词凸显。

4．开放式。如“身边人最……”，不求完整，但求突破，激起冲突，展开碰撞，富于联想，引人入胜。

5．倡导式。如“报春晖”“爸爸、妈妈，我可以做得更好”“化干戈为玉帛”“向校园欺凌说不”、“保护河道，从我做起”，导向明确。

6．双关式。如“你好，负面情绪”“有你在，真好”“你是我的天使”，一语双关。

7．押韵式。如“0505，梦想起舞”，05 是班级名称，“5”和“舞”押韵，琅琅上口，令人鼓舞。

8．谐音式。如“小小音‘悦’会”，“悦”同“乐”，温柔好听的声音能让人喜悦，能交到更多的朋友，并接受帮助和提供帮助时收获快乐和喜悦，寓意深刻，利于激趣。

9．数字式。如“43+1=？”，43+1= 一个团结奋进的先进班集体，题目

震动学生心灵深处。

10. 正反式。如“小硬币　大思考”“小餐桌　大礼仪”“小小志愿者，大大一份爱”“小塑料袋　大问题”，题目中的一对反义词“小”和“大”，带给学生心灵上的震撼，引发学生深入思考。

11. 强化式。如“小小中国结　浓浓中国情”“中国茶　中国味”，同一词，出现两次。

12. 人物式。如“匹诺曹讲诚实”“‘丢丢’回家了”“‘蒋诚信’和‘梅诚信’”“马小虎漫游马虎国”，主要人物出场，直接具体。

13. 动作式。“拉好勾勾，说话算话”“好信用，刷刷刷”。

14. 藏头式。如“侬的地图，城的未来”，“侬”与“泥”谐音，浦东话里的“侬”，是“我们”的意思，两句话第一个字连在一起，是“我们的城”，也就是“泥城”。这个题目的寓意是：我们泥城的地图，可以看到泥城的历史，也可以预见泥城的未来。

15. 迁移式。“舌尖上的中国”“极限挑战之我爱我家”，脱胎于人气颇高的综艺娱乐节目。

主题词是画龙点睛之笔，在正确审题、多维度思考、推敲题目、提升立意的基础上酝酿而生。好的题目还要具备淡化教育痕迹的意识，苏霍姆林斯基说：“教育者的教育意图越是隐蔽，就越能为教育对象所接受，就越能转化成教育对象自己的内心要求。”

定位导航：目标聚焦与有效达成

目标精准——三个层次　三足鼎立

最近，我们在集体备课，最困惑的、最纠结的居然是目标。

目标不明确，等于没有目标。方案设计得再精美，也没有意义。因为一节课上得好不好，首要看活动目标的达成度。

——源自一次教研活动中的对话

一、目标的三个层次

目标有三层解释：一是指射击、攻击时的对象；二是想要达到的境地或标准；三是计划要达成的效果。做任何事情都是目标最重要，目标指引着方向，目标不清晰，价值也就很难衡量。教育教学中，目标有三个层次：教育目标、德育目标和活动目标。

活动目标是一切课堂活动的出发点和终结点，它既与教育目标、德育目标相互联系，又不同于教育目标和德育目标，三者是整体与部分的关系。如果把教育目标定义为一级目标，那么，德育目标就是二级目标，活动目标就是每一节课要完成的具体任务。教育目标是“总”，是上位目标；德育目标是“分”，是中位目标；活动目标是“枝”，是下位目标。

（一）教育目标

教育目标亦称“教育目的”，是培养受教育者的总目标，亦是终结目标。

把立德树人融入思想道德教育、文化知识教育、社会实践教育各环节，贯穿基础教育、职业教育、高等教育各领域，学科体系、教学体系、教材体系、管理体系要围绕这个目标来设计，教师要围绕这个目标来教，学生要围绕这个目标来学。

——摘自2018年9月全国教育大会文件

（二）德育目标

德育目标是社会对青少年要达到的德性方面的要求。2017年8月17日，国家教育部发布的《中小学德育工作指南》是指导中小学德育工作的规范性文件。《指南》在明确德育总体目标的基础上，进一步细化了分阶段目标，从小

学低年级、小学中高年级、初中阶段、高中阶段进行了分学段的目标表述，力求做到符合学生的年龄特点和成长规律。

1. 总体目标

培养学生爱党爱国爱人民，增强国家意识和社会责任意识，教育学生理解、认同和拥护国家政治制度，了解中华优秀传统文化和革命文化、社会主义先进文化，增强中国特色社会主义道路自信、理论自信、制度自信、文化自信，引导学生准确理解和把握社会主义核心价值观的深刻内涵和实践要求，养成良好政治素质、道德品质、法治意识和行为习惯，形成积极健康的人格和良好心理品质，促进学生核心素养提升和全面发展，为学生一生成长奠定坚实的思想基础。

2. 分阶段目标

（1）小学低年级。教育和引导学生热爱中国共产党、热爱祖国、热爱人民，爱亲敬长、爱家乡、爱集体，初步了解生活中的自然、社会常识，保护环境，爱惜资源，养成基本的文明行为习惯，自信向上、诚实勇敢、有责任心等良好品质。

（2）小学中高年级。教育和引导学生热爱中国共产党、热爱祖国、热爱人民，了解家乡发展变化和国家历史常识，了解中华优秀传统文化和党的光荣革命传统，理解日常生活的道德规范和文明礼貌，初步形成规则意识和民主法治观念，养成良好生活和行为习惯，具备保护生态环境意识，形成诚实守信、友爱宽容、自尊自律、乐观向上等良好品质。

（3）初中学段。教育和引导学生热爱中国共产党、热爱祖国、热爱人民，认同中华文化，继承革命传统，弘扬民族精神，理解基本的社会规范和道德规范，树立规则意识、法治观念，培养公民意识，掌握促进身心健康发展的途径和方法，养成热爱劳动、自主自立、意志坚强的生活态度，形成尊重他人、乐于助人、善于合作、勇于创新等良好品质。

（4）高中学段。教育和引导学生热爱中国共产党、热爱祖国、热爱人民，拥护中国特色社会主义道路，弘扬民族精神，增强民族自尊心、自信心和自豪感，增强公民意识、社会责任感和民主法治观念，学习运用马克思主义基本观点和方法观察问题、分析问题和解决问题，学

会正确选择人生发展道路的相关知识，具备自主、自立、自强的态度和能力，初步形成正确的世界观、人生观和价值观。

——摘自《中小学德育工作指南》

（三）活动目标

活动目标是一课时活动中师生互动的内容，指活动实施的项目和预期达成的效果，是对学生通过德育活动产生的思想、情感态度价值观、知识和能力以及行为方面的一种明确具体的表述。活动目标是德育目标的分解、细化，落实每一个活动目标的同时，德育目标也就实现了。活动目标应具有可操作性，是一节课的出发点和归宿。一节课的成效，由目标的实现程度来检验。

1. 认识到谣言具有煽动性强、迷惑性大、存在利益链等特点。

2. 掌握自觉抵制谣言传播的方法：保持冷静客观，劝阻他人传谣，增强科学素养等。

3. 提高理性思辨的能力，积极抵制网络谣言的传播，做到理性爱国。

——摘自七年级主题教育课《谣言，你怎么看？》

二、活动目标的三个依据

活动目标的确立要符合三个层面的要求，这是设计主题教育课的总要求，所有的教育活动都是围绕着总要求进行的。

（一）国家政策、文件要求

这是国家对教师、学生的基本要求，如《中小学德育工作指南》《中小学生守则》等，以下是近期的一些文件：

中共中央办公厅《关于培育和践行社会主义核心价值观的意见》中发办［2013］24号

中共中央办公厅 国务院办公厅《关于实施中华优秀传统文化传承发展工程的意见》中发办［2017］5号

中共中央国务院《关于全面深化新时代教师队伍建设改革的意见》

中共教育部党组《关于印发〈教育系统深入开展学雷锋活动实施方案〉的通知》教党［2012］5号

教育部《关于建立中小学幼儿园家长委员会的指导意见》教基一［2012］2号

中共中央宣传部办公厅教育部办公厅《关于进一步加强中小学时事教育的意见》教基一厅 [2012] 4 号

教育部《关于印发〈中小学心理健康教育指导纲要〉(2012 年修订)的通知》教基一 [2012] 15 号

教育部《关于印发〈全面推进依法治校实施纲要〉的通知》教政法 [2012] 9 号

教育部《关于加强中小学少先队活动的通知》教基二，[2012] 3 号

教育部《关于在中小学幼儿园广泛深入开展节约教育的意见》教基一 [2013] 5 号

教育部《关于进一步加强青少年学生法制教育的若干意见》教政法 [2013] 12 号

中共教育部党组《关于在全国各级各类学校深入开展“爱学习、爱劳动、爱祖国”教育的意见》教党 [2013] 25 号

教育部《关于全面深化课程改革 落实立德树人根本任务的意见》教基二 [2014] 4 号

教育部《关于培育和践行社会主义核心价值观 进一步加强中小学德育工作的意见》教基一 [2014] 4 号

教育部《关于印发〈完善中华优秀传统文化教育指导纲要〉的通知》教社科 [2014] 3 号

教育部《关于加强和改进普通高中学生综合素质评价的意见》教基二 [2014] 11 号

教育部《关于印发〈中等职业学校德育大纲〉(2014 年修订)的通知》教职成 [2014] 14 号

教育部 共青团中央全国少工委《关于加强中小学劳动教育的意见》教基一 [2015] 4 号

教育部《关于印发〈中小学生守则〉(2015 年修订)的通知》教基一 [2015] 5 号

教育部《关于深化职业教育教学改革，全面提高人才培养质量的若干意见》教职成 [2015] 6 号

教育部《关于加强家庭教育工作的指导意见》教基一 [2015] 10 号

教育部《关于印发〈中小学心理辅导室建设指南〉的通知》教基一厅函 [2015] 36 号

教育部《关于印发〈学生志愿服务管理暂行办法〉的通知》教思政［2015］1号

教育部　中央文明办《关于深入开展文明校园创建活动的实施意见》教基一［2015］7号

教育部《关于加强和改进中小学品德课教学工作的意见》教基二［2016］2号

教育部办公厅《关于开展学习签署践行〈中等职业学校学生公约〉活动的通知》教职成厅［2016］2号

教育部等11部门《关于推进中小学研学旅行的意见》教基一［2016］8号

教育部《关于印发〈中央专项彩票公益金支持校外活动保障和能力提升项目管理办法〉的通知》

中共中央组织部　中央教育部党组《关于印发〈关于加强中小学党的建设工作的意见〉的通知》中组发［2016］17号

教育部《关于印发〈中小学综合实践活动课程指导纲要〉的通知》教材［2017］4号

教育部《关于印发〈中小学德育工作指南〉的通知》教基［2017］8号

教育部办公厅《关于公布第一批全国中小学研学实践教育基地、营地名单的通知》教基厅函［2017］50号

中共教育部党组《关于教育系统认真学习宣传贯彻党的十九大精神　写好教育“奋进之笔”的通知》教党［2017］54号

中共教育部党组《关于学习贯彻习近平总书记给陕西照金北梁红军小学学生重要回信精神的通知》教党［2018］34号

上海市教育委员会《关于加强区县中小学心理健康教育中心建设的意见》沪教委德［2012］53号

上海市教委等五部门《关于做好本市中小学利用电子学生证在社会场馆开展综合实践学习活动的通知》沪教委德［2014］17号

中共上海市教育卫生工作委员会　上海市教育委员会《关于印发〈上海市学校德育“十三五”规划〉的通知》沪教委德［2016］36号

上海市教育委员会《关于加强中小学生涯教育的指导意见》宁教

委德［2018］8号

——摘自《德育文件汇编》［2］

（二）学校办学特色和育人目标

学校办学特色和育人目标是学校在国家政策、文件指引下，根据区域和学校实际情况制定的目标。

1. 以课题“生活背景下学生责任意识家庭教育指导的实践研究”为引领，加强家庭教育指导，凝聚家校社协同一致的育人合力。

（1）根据各年龄段学生的心理特点和能力水平，探索生活背景下的学生责任意识家庭教育指导的切入点，明确指导内容，并通过纲要的形式具体罗列、阐述。

（2）根据确定的指导内容，形成具有操作性的指导方案模板，组织班主任与家长共同参与，细化内容撰写与研讨修改。

（3）围绕课题研究的关键，研究家庭教育指导有效行动的策略，有效落实的方法和途径。

2. 以“知行合一我能行，争做礼仪星少年”行规教育集章争星评价活动为依托，关注学生的身心健康发展，引导学生养成良好的行为习惯。

（1）开展“风华正茂齐步走，礼赞中国有志向”队列展示、“夸夸我身边的阳光少年”、“行为规范小贴士”提示语征集、“仪式规范从点滴做起”及“好习惯我能行”演讲等活动。

（2）充分发挥课堂教学主渠道、主阵地作用，重点关注道法课中涉及文明礼仪的内容，其他课程根据本学科特点，适时进行文明礼仪教育。

（3）结合节庆开展“尊师重教、尊老敬老、爱党爱国”等教育活动，整合家庭和社区资源，丰富社会实践活动的形式，践行文明礼仪，内化行规成效。

3. 以“1+N”的德育校本研修模式为载体，强化年级组长领头雁作用，进一步打造班主任团队特色。

（1）以“班主任工作室”为基地，与“班主任培训课程”、“班主任导师团队”和“年级组德育团队”的建设相结合，形成“1+N”的德育校本研修模式。

（2）以“1+N”的德育校本研修模式为抓手，聚焦各年级组的班

级管理特点，形成本年度班主任校本研修的主题和内容。

（3）关注新班主任的成长，成立“班主任导师团队”，以班级管理案例为切入点，开展班主任工作带教工作，收集学期案例，汇编学年度案例集。

4. 以家国情怀教育为价值导向，充分发挥少先队活动育人功能，开展丰富多彩的实践体验活动。

（1）夯实少先队基础工作，开好学校少代会，选好队干部，利用队长学校、小先生、小助教等岗位做好对队干部的培养和锻炼。

（2）注重培养少年儿童的自主管理能力，规范值周中队、银杏小农场、中队小岗位等自主管理岗位的履职和评价。

（3）围绕建国70周年大背景及学校主要工作，策划、开展有意义、有意思的主题教育活动和规范仪式教育，提升少年儿童的使命感和责任感。

5. 以幼小衔接、仪式教育的不断规范、完善为基点，注重德育校本课程的开发和使用。

（1）完善幼小衔接校本课程与学习准备期校本课程，加强德育目标、内容的全过程渗透。

（2）通过规范仪式教育，家校携手共同开发、实施仪式教育校本课程，提升学生的道德认知和道德行为。

——摘自浦东新区某小学2019学年德育工作计划

（三）班本目标

在贯彻落实国家和学校的培养目标时，根据本班的实际和学生的具体情况，即不同学生的心理特点、认知水平、接受能力和生活环境等，提出“个性化育人目标”。

“彩虹糖班”的“军人梦”

上海市闵行区七宝镇明强小学　姜丽霞

党的十八大以来，中央高度重视培育和践行社会主义核心价值观，24字要求深入人心；2015年9月新版《中小学生守则》的出台，让小学生行为规范有了更具体、更贴合实际的要求。学生的行为规范教育要始终处于教育的主旋律中。

立足行规教育，结合“军人”这一教育资源开展班级主题活动。关注“规则”，建立有序的班级活动和教学秩序，以此规范学生的言行举止；关注“纪律”，培养学生具有小军人式独特的气质，以此加强学生的组织纪律性。

一、“彩虹糖班”梦之初：“小糖果”不是“小军人”

1. 个个都是“小糖果”

此次主题教育的对象是小学一年级学生，他们年龄小，处于 7、8 岁的年龄阶段。刚进入小学，学生们对新的环境充满了好奇。这个年龄的学生具有好动、自由散漫、易兴奋、注意力容易分散等特点，因此，学校的行规要求对于他们来说难度较大。学生们虽具有一定的纪律意识，但是能做到的程度各不相同，有些学生表现较好，有些学生则持久性差，有些学生行为表现不规范。这些学生大多数是在家庭的“蜜罐”里长大的，习惯随心所欲，父母往往只关心他们的学业成绩，忽视对学生不良行为的纠正。

2. 人人想做“小军人”

在我们身边，军人是“纪律”的代名词，他们身上具有独特的“气质”。让这群可爱的“小糖果”走近他们、认识他们，向军人学习，是很有意义的事。在活动开展之前，先在学生们心中悄悄种下一个“军人梦”的种子，给学生们欣赏军人的照片，感受他们的飒爽英姿；给学生们看军人题材的教育片，走近神圣的岗位；给学生们讲军人的故事，感悟他们的高尚精神，使“军人”的形象渐渐地走进他们的心里，激发起学生心中的“军人梦”，为后续的主题活动作准备。

——摘自《特色，凝聚班集体力量》

三、活动目标的作用

1. 标准作用

活动目标是检验活动效果的标杆。活动的设计准备、实施过程和效果评价，始终以他为核心。缺少活动目标的导向，活动设计将无从下手，活动过程将是一盘散沙，活动评价将是“天女散花”。

2. 导向作用

德育具有引导性，主题教育课要依据新时代的教育任务确定目标。布鲁姆指出：“有效教学始于准确地知道需要达到的教学目标是什么。”教育活动的有

效性离不开活动目标的指引。有效的教育活动，其显著特点是以明确具体的活动目标作为教育活动的导向，使整个教育活动始终置于活动目标的引导下进行，使师生双方在教育过程中均有方向感，教育活动结束时均有达标感。有了明确的目标，师生在德育活动中才会把注意力集中在与目标有关的问题上，而不至于偏离目标。

3．激励作用

主题教育课追求知识和技能、过程和方法、情感态度价值观三类维度目标的协调统一，突出以学生发展为本的思想，有利于学生核心素养的全面提升，是教育领域的一场深层次革命，激励班主任不断追求教育的真谛。

四、活动目标与背景、主题的关系

确定活动目标是选择教育内容和方式方法的前提，活动目标制约着主题教育课的方方面面：

1．与主题的关系

主题的正确解读是关键，合理设定活动目标是对主题的最好诠释。活动目标的确定一定要与活动主题相一致。

2．与内容的关系

目标制约着内容的选择，内容要紧扣目标，以目标为中心，从不同层次、不同角度选择适切的内容。

3．与情境的关系

目标制约着情境的设置。围绕活动目标设计情境，并合理布局，要使情境在活动中发挥最大的效能。

4．与活动的关系

目标制约着师生的活动。师生的活动必须围绕目标进行，符合目标要求。

5．与环节的关系

目标可以对应活动过程中的某一个环节，即一对一的关系。目标也可以对应活动过程中的几个环节，即一对多的关系。当活动过程中的各个环节一一落实，这节课的目标也就达成了。

6．与评价的关系

目标关系到活动的评价。活动目标限定了学生在学习过程中知、情、意、行等方面变化的层次和范围，活动的效果体现在目标的达成度上，应以目标为依据制定评价的标准。

五、活动目标的要点

1. 适量适宜

目标少，不够“吃”；目标多，“吃”不下，有限的时间解决不了过多的问题，因此，目标要准确定位。

2. 符合实际

目标的制定要从学生的实际情况出发，把握住学生的“最近发展区”，不能太高或太低，考虑学生最需要解决的问题，才能有效达成预期的活动目标。

3. 可操作性

目标具有可操作性、可检测性，切忌笼统抽象。目标越具体、明确、便于操作，就越容易达成。

4. 以生为本

目标制定要指向学生的需求，表述主体清晰，行为动词精准。

表情达意——三种写法　实例剖析

一、目标的三种写法

（一）常规写法：一般从思想教育、能力培养等角度考虑，符合认知规律，由易到难

小学三年级主题教育课“那些年，我们用过的农具”

1. 了解农具的八大种类，如：中耕除草工具、收获工具等。
2. 了解不同的农具在农业生产过程中起到的不同作用，感受农具制造的巧妙以及劳动人民的智慧。
3. 懂得农具随着时代发展而不断变化，农具的改变方便了农民的劳动，也体现了时代特征。
4. 知道我国是农业大国，根据现有的农具，设计未来农具，并介绍名称和作用。

小学三年级主题教育课“图书管理‘花样经’”

1. 明确图书管理员的岗位职责，民主制定图书管理公约。
2. 学习图书管理的相关知识，掌握保护书籍的基本技能。
3. 能自觉主动整理图书，配合管理员的工作。
4. 感受到为班级集体、为同学们服务的快乐。
5. 明确自己的责任，培养责任担当的勇气和爱岗敬业的精神。

初中七年级主题教育课“中国茶·中国味”

1. 学习茶的历史，了解茶马古道，增强民族自豪感。
2. 认识我国的名茶，提升研究中国茶文化的热情。
3. 学习一些茶艺，培养基本礼仪，提升文化素养。

——摘自《社会主义核心价值观主题教育36课》

（二）知识目标、情感目标、行为目标

小学四年级主题教育课“敬我学业”

1. 认知：懂得作为一名学生应该认真地对待自己的学业，明白集中注意力和抓紧时间的重要性。

2. 情感：渴望拥有良好的学习习惯，珍惜每一次可贵的学习机会。

3. 行为：纠正不良学习习惯；在学习、生活中严格要求自己。

小学五年级主题教育课“小岗位，想说爱你也容易”

1. 认知：熟悉自己身边的小岗位，了解各岗位工作的重要性，理解岗位工作需要认真踏实、勤于思考、乐于奉献的精神。

2. 情感：体会岗位工作使生活变得积极向上，使生命焕发光彩。

3. 行为：在校内积极担任各类小岗位，在校外参加社会实践活动，在岗位中锻炼独立解决问题的能力，学会几种处理问题的办法。

——摘自《社会主义核心价值观主题教育 36 课》

（三）三维目标：知识与技能、过程与方法、情感态度价值观

小学一年级主题教育课“当陌生人来敲门”

知识与技能：知道一个人在家时，一定不能给陌生人开门，提高警惕性。

过程与方法：1. 掌握应对陌生人敲门的方法。

2. 学会在遇到不同陌生人敲门时，能冷静思考、巧妙应付。

3. 增强自我保护的能力。

情感态度价值观：建立初步的自我防范和自我保护意识。

小学二年级主题教育课“舌尖上的小笼”

知识与技能：了解南翔小笼的历史，知晓其制作过程及品尝方法。

过程与方法：1. 了解南翔小笼的发展历程。

2. 知道南翔小笼的制作步骤和操作要点。

3. 学会品尝小笼的独特方法。

情感态度价值观：感悟小笼的魅力，培养学生对传统文化的热爱，

增强民族自豪感。

小学三年级主题教育课“消防安全Do Re Mi”

知识与技能：学会排查火灾隐患，掌握火灾自救方法。

过程与方法：1. 学会排查家庭中火灾安全隐患的方法，提高自我保护意识。

2. 学习扑灭油锅起火的正确方法。

3. 完成火场自救逃生演习，初步掌握基本的火场逃生方法，提升自救能力。

情感态度价值观：认识火灾事故的严重性，懂得生命的珍贵。增强对消防员的崇敬之情。

二、不同主题的目标实例剖析

诚信是中华民族的传统美德，是立身之本、做人之道、兴业之基。“诚”是指实事求是，不扩大、不缩小、不隐瞒事情的真相，对自己的言行负责。“信”就是讲信用、守承诺，说到做到。《孟子·离娄上》指出：诚者，天之道也；思诚者，人之道也。真诚，是自然之理；心地真诚，是为人处世之道。《社会主义核心价值观主题教育36课》中，围绕诚信话题，老师们从不同的切入口进行主题提炼，目标精准、实在。通过诚信教育，培养学生的诚信意识，养成诚信习惯，激发青少年坚持诚信行为的自觉性，彰显社会诚信机制。

年级	主题	活动目标
小学二年级	匹诺曹讲诚实	1. 理解诚实的基本含义，知道不说假话，不骗人就是诚实的表现。 2. 明白“诚实”是同学之间、师生之间、家庭成员之间相处的基本原则。 3. 懂得诚实必须从我做起，从现在做起，落实在日常生活实践中。
小学二年级	守时小飞机，快乐上学去	1. 了解上学时可能会碰到的迟到原因，制定“守时”飞行棋的新规则，在游戏中明白守时的行为准则。 2. 知道上学不迟到的方法，如保证充足的睡眠、早起、不赖床、动作快、提前做准备，到了校园不逗留，直接进教室等。学会遵守与时间的约定。 3. 懂得迟到了也要说真话的道理，明白守时即是守信的一种表现，树立“诚信”的社会主义核心价值观。

续 表

年级	主题	活动目标
小学二年级	诚信守规VS快乐游戏	1. 理解在游戏中做到“诚信”的重要性。 2. 树立游戏中的时间观念，即：与时间的约定。 3. 遵守与伙伴的规则约定，即：与伙伴的约定。 4. 游戏中做到不反悔、不耍赖，即：与情绪的约定。 5. 懂得在游戏中做到“诚信”才是真正的快乐。
小学三年级	“信”成方圆，快乐出行	1. 了解地铁出行中乘客购票的具体规则。 2. 知道地铁出行中乘客免票的具体规定，能根据要求主动购票。 3. 懂得特殊情况下需自觉补票，积极倡导诚信自律，维护良好的公共秩序。
小学三年级	鼻子，鼻子，别变长	1. 理解“诚信”的两重含义，“诚”即“诚实”，是“信”的思想基础，“信”即“守信”，是“诚”的价值提升。 2. 懂得诚信的重要性，自觉增强诚信意识。 3. 学会坦诚，反省自我，告别不诚信的行为。
小学四年级	“蒋诚信”和“梅诚信”	1. 了解“契约”主要形式及历史相关信息。 2. 明确契约在生活中的重要性，明确签名的作用和意义。 3. 认识到须严格遵守“契约”，对遵守“契约”充满信心。
小学四年级	拉好勾勾，说话算话	1. 知道说话算话的含义及重要性，懂得做人要言行一致，不讲空话，答应别人的事要努力去做。 2. 学会怎样做一个说话算话的人，掌握如何做到守信的4个要点：能做到才承诺、承诺了须做到、言行保持一致、遇意外即补救。 3. 认识诚信，感悟诚信，体验诚信，拥抱诚信，传承“诚信”美德，努力践行社会主义核心价值观。
小学四年级	好信用，刷刷刷——玩转电子学生证	1. 了解电子学生证福利，知道电子学生证是记录成长信息的“身份卡”。 2. 知道代刷卡、借用卡是不诚信的表现，做到不代刷、不借用，体验电子学生证带来的福利。 3. 知道失去信用后，要尽力弥补自己的行为过错，明白诚信一旦受损，就很难挽回。 4. 通过大数据时代下的征信，感受诚信的重要性。

三、同一主题的四次目标更替

下面，我们以五年级主题教育课“家”的四次目标修改为例探讨同一主题的目标修改。

	活动目标	修改建议
第一稿	1. 引导学生心怀梦想，拥有梦想，用健康向上的美好心灵去实现创新进取的人生。 2. 引导学生体会实现家庭梦想需要勤劳智慧，班级梦想需要团结合作，家乡梦想需要开拓进取。 3. 引导学生理解家庭、班级、家乡梦想的实现即是中国梦实现的基石，个人的未来是祖国的未来，个人的梦想与国家的发展息息相关。	目标比较宽泛，操作性不强；制定活动目标的对象主体应是学生，此目标针对的主体是教师
第二稿	1. 引导学生体会实现家庭梦想需要勤劳智慧；实现班级梦想需要团结合作；实现家乡梦想需要开拓进取创新。 2. 引导学生理解家庭、班级、家乡梦想的实现即是中国梦实现的基石。个人的未来是祖国的未来，个人的梦想与国家的发展息息相关。 3. 引导学生用健康向上的积极态度去实现创新进取的人生。	目标制定的活动对象仍以教师为主体，且第三点过于笼统，须进一步细化
第三稿	知识与技能：明确实现家庭梦想需要勤劳智慧，实现班级梦想需要团结合作，实现家乡梦想需要开拓进取创新。 过程与方法：理解家庭、班级、家乡梦想的实现即是中国梦实现的基石。个人的未来是祖国的未来，个人的梦想与国家的发展息息相关。 情感态度价值观：懂得树立健康向上的积极态度去实现创新进取的人生。	采用了三维目标的方式制定活动目标，相比前两稿目标显得更清晰更有条理，但没有理清采用哪些教育方法和手段达到教育效果，仍需进一步梳理
第四稿	知识与技能： 1. 初步了解“中国梦”的含义。 2. 懂得家庭、班级、家乡梦想的实现是中国梦实现的基石。 过程与方法： 1. 参与体验游戏活动，领悟实现班级梦想需要团结协作、共同努力。 2. 对比新旧照片，体验实现家乡梦想需要开拓进取。	四稿在“过程与方法”的子目标中，细致地将达到不同层面的教育效果采用的不同的教育方式方法一一呈现，使人一目了然

续 表

	活动目标	修改建议
	3. 通过诗歌诵读、放飞梦想等活动领悟实现“中国梦”离不开每个人的努力奋斗。 4. 完成问卷调查、运用家长访谈等形式领悟实现家庭梦想需要每个家人付出勤劳和智慧。 情感态度价值观： 1. 认同梦想对每个人成长的重要意义，确立个人梦想，建立自信心。 2. 树立健康向上的积极态度，去实现创新进取的人生。	

四、关于三维目标

1. 正确理解三维目标的内涵

目前，最常用的写法是三维目标。三维目标是指知识与技能目标、过程与方法目标、情感态度价值观目标。

知识与技能目标，主要包括人类生存所不可或缺的核心知识、学科基本知识和基本能力，包括获取、收集、处理、运用信息的能力，创新精神和实践能力，终身学习的愿望和能力等。它既是课堂活动的出发点，又是课堂活动的归宿。教与学，都是通过知识与能力来体现的。知识与技能是传统教学的内核，是我们应该从传统教学中继承的东西。

过程与方法目标，主要包括人类生存所不可或缺的过程与方法。过程指应答性学习环境和交往、体验，包括基本的学习方式（自主学习、合作学习、探究学习）和具体的学习方式（发现式学习、小组式学习、交往式学习）。它既是课堂活动的目标之一，又是课堂活动的操作系统。

情感态度与价值观目标：情感不仅指学习兴趣、学习责任，更重要的是乐观的生活态度、求实的科学态度和宽容的人生态度。价值观不仅强调个人的价值，更强调个人价值和社会价值的统一；不仅强调科学的价值，更强调科学价值和人文价值的统一；不仅强调人类价值，更强调人类价值和自然价值的统一，最终使学生确立对真善美的价值追求以及人与自然和谐、可持续发展的理念。它是课堂教学目标之一，又是课堂教学的动力系统。

2. 辩证认识三维目标之间的关系

三维目标是一个相互联系、相互渗透的整体。在活动中强调知识与技能、

过程与方法、情感态度与价值观三个维度，并非简单的并列关系，而是彼此渗透，相互融合，统一于学生的成长和发展之中。

知识与技能是教学的核心，它通过过程与方法、情感态度价值观目标的实现而最终实现。同时，它又是载体，学生思考、解决问题能力的形成和情感态度价值观的培养，都是依附于知识的习得，是在学生探索知识的过程中逐渐形成和发展的。

过程与方法是教学的组成部分和课堂教学的操作系统，它渗透在知识与技能目标的实现过程中。

情感态度价值观是教学的组成部分和课堂教学的动力，它伴随着知识与技能、过程与方法的实现而实现。

知识与技能是实现过程与方法、情感态度价值观两个目标维度的载体；过程与方法是链接知识与技能、情感态度与价值观两个目标维度的桥梁；情感态度与价值观是知识与技能、过程与方法的进一步升华。三维目标各有其价值，它们因学生实际和发展需要而各有侧重，且互为手段、互为目的、互相促进、相互转化。进入具体教学情境或教学环节，三维目标的每一维都可成为学习的目标，而同时也可作为达成其他二维目标的辅助和凭借。

三维目标中，情感态度价值观目标处于首要地位，是优先设置和实施的目标。班主任应转变观念，从“知本”走向“生本”，由注重知识能力的培养到更加关注学生的心理需求和道德成长，把情感目标的提高作为课堂的核心，实现学生由不信—信—行的转化。

3．正确使用行为动词

构建三维目标时，要确定活动中的知识点和能力的训练点，挖掘情感因素或态度及人生观、价值观、世界观方面的渗透因子，体现活动的过程及方法。

表述活动目标的行为动词	
知识目标	知道、懂得、了解、理解、应用、识别、判断、区别
能力目标	具有、学会、运用、完成、制定、解决、尝试、领悟
情感态度价值观目标	感受、体验、热爱、树立、坚持、确立、形成、追求、认同、遵守、愿意、欣赏、关注、尊重、爱护、珍惜、拥护、反对、克服、拒绝、摒弃

4．情感领域的目标分类法

知识可以传授，态度需要激发，把认知比作弱电，是传递信号用的，只有5V或12V，而情感才是真正的动力，达到220V或380V。在情感领域，克拉斯沃尔、布卢姆和马西亚设计了一种目标分类法，描述了从“接受”到“个性化”层层递进、紧密衔接的情感心理内化和升华过程。

目标层次	目标要求
接受	愿意接受和留心某些现象和刺激
反应	积极注意和投入到现象中，有归属感
价值化	确信现象的价值，内化并持有某种价值观念
组织	把价值观念组织成为一个系统，形成一套价值观
个性化	学生展现的所有行为都应与其价值观相一致

一次活动不可能达成所有的目标，一般重点解决前三个。按照情感目标分类方法，学生情感达到接受层次是最基本的，反应层次是有效的，价值化层次是优质的。接受、反应、价值化层次的目标是可以通过活动达成的，组织和个性化层次的目标需要通过长期的道德践行，实现量变到质变的飞跃。

综上所述，三维目标有着紧密的内在联系，它们在整体的教育活动中相互渗透、相互补充的统一体。我们要做好三维目标的整合，而不是把三个维度简单地叠加，更不能割裂开来孤立地理解，要以“知识与技能”为主线，渗透情感、态度价值观，并充分地体现在过程和方法中。

盘活资源：
内容选择的“素”途同归

探骊得珠——信息多元　搜纳分类

我听过不少主题教育课，自己也上过几节公开课，我觉得上好主题教育课需要整合大量的资源，如何撷取生活中、社会上合适的素材，为我所用，这是我目前遇到的一个难题。

——来自一位班主任的感悟

主题确定、目标细化以后，摆在班主任面前的一个重要任务就是内容素材的收集。“巧妇难为无米之炊”，没有素材，主题教育课就是无水之源。教育理应来源于生活，又服务生活。秉承这样的理念，班主任应时时处处关注学生的言行举止，积极收集各类教育素材，用活泼、生动、蕴藏着美德和人生哲理的素材来演绎各种人生观和价值观，使其浅显易懂、贴近学生，从而不断将道德规范内化为学生的自觉行为，将德育做细、做实、做强。

一、搜集现成素材，全方位无死角

素材一般有文字、图像、声音、视频和动画等，收集途径应该多元化。

1．生活素材，随手记录

素材来自身边，我们可以利用手机、DV、相机、扫描仪、录音机等记录下文字、图像、视频等生活素材。

2．网络素材，搜索下载

网络时代，在“度娘”里输入关键词，就会出现成百上千、林林总总的信息，班主任要学会使用搜索引擎，如百度、360、搜狗等，有目的地了解和积累大量网络素材。

3．珍贵素材，官方渠道

有的高质量的素材，网上是找不到的，可以利用中国知网、图书馆、音像制品商店等查阅相关资料，通过租借拷贝、扫描购买、签订协议、相互交换、信息共享等方法，获得一些必须的珍贵素材。

4．专业素材，私人定制

有些专业素材，可以与有关单位或专业人士合作制作一些录音、录像、

VCD、音频和视频等资源。

二、改编身边素材，“我、你、他”多视角

教育界有句名言：“语文学习的外延与生活的外延相等。”同理，“德育的外延与生活的外延相等”，生活中处处能找到荷载信息的德育资源，人们所见、所闻、所思都有德育信息在涌动。因此，凡是来自实际生活的、能够为学生提供经历和经验的事物都是德育资源，巧用“身边的人”“身边的事”，使学生感受到道理的“真实面孔”，从身边小事中领悟大道理。

1. 我的——利用班主任自身资源

我觉得自信对每个人来说是一种力量，回顾我不长的人生历程，自信在我的生命中确实起到了很重要的作用。

那一年，我读初一，在甲肝肆虐的日子里，我也未能幸免。从未出过远门的我，第一次离家竟是去住隔离病房。我有些害怕，在心里问自己：我该如何打发这病房的孤寂？落下的课程能赶上吗？可事已至此，我只能对自己说：别怕，我能行！没想到，在一个多月的日子里，我不仅与病友结下了友谊，还自学了新课程，温习了旧知识！

那一年，和大家一样的年龄，我怀揣着大学梦，希望能考上理想的高中。中考的失利使我与重点高中失之交臂。在那千军万马过独木桥的年代，我还有希望吗？可我真正是心有不甘呀，为了我的梦想，我不能有退路！我在心里不断地对自己说：不就是一次失利吗？我能行！只要我努力去做！没想到，我在充满快乐的学习中还真尝到了喜悦的果实！

那一年，我读高二，正值毕业会考之际，却患上了肾结石，反复地绞痛使我不得不停课住院，一停就是两个月，医生竟然还说：这结石不能根治，石子还会长。我逐渐消沉，母亲既心痛又不能表露，她笑着说：“不就是几颗石子吗？活人还能让它给折腾死了？我有个偏方，咱试试！”她还真的每天去野外找齐了三种草药，每天敲汁给我喝，重复着一件可能没用的事情……在母爱的眼神中，我读懂了母亲自信满怀的原因。在这样的情形下，我还能消沉吗？我还是对自己说：“我能行！”就是凭着这一份自信与执著，一年后，我圆了大学梦！

> 那一年，非师范院校毕业后，我接到了教育局的通知书，从没登过讲台，大声说话都会脸红的我还是对自己说着同样的话："我能行！只要我有信心，怎会比别人差！"
>
> 刚踏进教室，我还是有点紧张的，但我还是迅速调整了心态，一遍遍地告诉自己："我能行！"因为我知道，自信给我的不一定是成功，但没有自信就肯定会失败！我自信，我美丽！

钱晓燕老师在七年级主题教育课"自信是一种美丽"中的内心独白让学生认识了不一样的她。班主任自身就是一座教育的宝藏。色诺芬在《回忆苏格拉底》中写道："没有什么比随时随地和苏格拉底交往、言谈，更有益处的事了。当他不在我们当中的时候，每逢回想到他，总给那些曾经和他在一起并敬仰他的人带来不少的益处，因为无论他在轻松谈笑的时候，或是严肃认真的时候，都对人有帮助。"一名班主任坚持长期修炼、不断自塑，到一定的时候，他的经历、经验、学识智慧、教学风格等都将成为一种教育资源，散发出一种独特的魅力。

2. 你的——调动学生个体资源

> 早上，梅诚信到组长这儿交"记事本"。组长蒋诚信看到梅诚信家长记录的作业完成时间有改动的痕迹，便询问，梅诚信一口咬定是家长写的，组长便作罢。第二天，相同的情况再次发生，梅诚信依然一口咬定时间记录真实无误，蒋诚信再次相信。第三天过去了，第四天过去了……很快到周五了，老师根据同学们"记事本"上记录的作业连续一周7点前完成的给予红星奖励。就在老师念到梅诚信的名字准备给予红星时，却发现他睡着了。细问之下才知道梅诚信9点才写完作业，因睡得晚导致睡眠不足，才在课上打瞌睡。老师结合记事本，发现多处矛盾及涂改，联系家长得知真相，便批评了梅诚信，同时取消了红星奖励。

祝永华老师在四年级主题教育课"蒋诚信和梅诚信"中选用的这个素材源于学生的真实事件，是根据发生在学生身上的事例编写的。学生并不是任由涂绘的"一张白纸"，学生的生活经验、个性特点、情感态度、家庭生活等信息都是重要的"资源库"。我们要把学生看成是一种"教育资源"，让这活化的"教育资源"按照社会的主流意识和核心价值要求去发展自身。

3. 他的——开发学生周边资源

师：流浪狗“丢丢”很幸运，遇到了一位老奶奶，她和我们班级的同学一样有爱心，收养了“丢丢”。这本是一件好事，却遇到了很多麻烦事，让我们来看一则新闻报道，看看老奶奶的苦恼。

播放新闻《将爱心进行到底》：2011年1月6日，抚顺的赵阿姨把房子贡献出来，让流浪猫、流浪狗安了家，但是赵阿姨的爱心换来的却是老伴和邻居们的不理解。在赵阿姨的家里，到处都有小猫小狗的身影。从起初的几只到如今的几十只，每个即将消失的小生命到了赵阿姨这里，都奇迹般地活了过来，为了保证它们的饮食，她还购买了许多食物，看得出来赵阿姨为了这些小生命付出了许多，可是老伴无法忍受家里的猫猫狗狗，抗议说：“你不把猫狗送走，我就不回家！”虽然家人不理解，但是赵阿姨依然没有抛弃这些小动物。

姜霜老师在四年级主题教育课“‘丢丢’回家”中，通过新闻广播，让学生了解盲目收养宠物会带来很大的问题，收养流量猫狗要讲究方法，从而引出个人的力量是有限的，并呼吁更多的人加入到保护流浪动物的行列中去。

学校有围墙，德育素材无围墙。世界上每时每刻都在发生着看似偶然、独立，实际上有着千丝万缕联系的各种事件，丰富鲜活的、突发的事件是最好的素材。主题教育课最怕空洞的理论和苍白的语言，利用贴合学生生活的素材进行教育效果最佳。班主任应该寻找对学生有所触动的资源，使学生在分析问题的同时，拓展视野、开阔思路，把握时代脉搏，感受时代旋律。

三、分类管理素材，丰富表现形式

重视资源的开发和利用已经成为广大班主任的自觉追求。素材收集后，及时进行整理归类，编码、储存，创立主题教育素材库，随时备用，为课的有效实施作准备。

1. 图片素材

主题教育课“父母的爱”中，用下图请学生“看图说话”。生动简洁的画面勾勒出一个日常故事，类似的争执在亲子间经常发生，话题可延展至穿衣、游戏和作业等方面。学生可谈谈曾经与父母发生过的矛盾，分析产生的原因，探寻有效沟通的对策。

美国图论学者哈拉里有句名言："千言万语不及一张图。"图片是一种特殊的信息形式，能增强教学的形象性、生动性和趣味性。在主题教育课中，精选和巧用一些与主题紧密相联、贴近现实生活的或静止或动态的图片，是大有裨益的。

2. 表格素材

侯霞老师设计的五年级主题教育课"乐乐上学记"中，有一张学习的自我评价表，其中，针对六个一级评价指标"会预习、会主动、会整理、会复习、讲时效、有计划"都有具体的行为描述，且配有三个自评等级，分别用笑脸、普通脸、哭脸表示。在自我评价表的牵引下，学生通过客观的自我评价，对自己的学习现状有了清醒的认识，知道自身的不足，激发寻求科学学习方法的动力。

自我评价表

会预习 课前坚持预习，带着问题上课

会主动 上课主动思考，积极发言，课后独立作业，主动请教他人

会整理 重点内容记笔记本并整理

会复习 及时复习，归纳要点

讲时效 动作迅速不磨蹭

有计划 制订适合自己的学习计划

"文不如字，字不如表。"表格在主题教育课中呈现出具象性、简洁性、辅助性的特点，便于学生更高效地获取有效信息。表格素材可运用于各种活动中。

3. 声音素材

陈金凤老师设计的四年级主题教育课"握住他（她）的手"中，导引环节播放音乐1《天堂鸟》，悠扬的排箫音乐，柔和幽暗的灯光，低缓深情的导引，轻轻柔柔的深呼吸，使体验者很快地沉浸在体验场

中，在闭目冥想中，情感流淌，思绪飞扬……

进入内心世界第一层环节，播放音乐 2《电闪雷鸣雨滴》，一阵突如其来的电闪雷鸣，紧接着是淅淅沥沥的下雨声。电闪、雷鸣、雨滴的音效如同生活中突如其来的遭遇，让沉浸在体验中的学生有些害怕，更让他们震惊的是，导引者竟然让自己用手中的笔划生命中最重要的五个人中的一个。学生有些难以置信，虽然有些微词，但导引者不容置疑的口吻让他只能面对现实。

进入内心世界第二层环节，播放音乐 3《神秘园》，凄迷哀婉的主旋律由弱到强缓缓响起……《神秘园》的音乐能更好地激发起学生进入“第二层”情感体验时的联想。在体验者开放式的对话中，感知他与生命中最重要的人的亲密接触和情感纠葛。

进入内心世界第三层环节，播放音乐 4《白月光》，音乐有些揪心，但节奏还比较平缓。这样的音乐适合导引者叙述亲历的情感故事，也利于体验者暂时平复心情，静心聆听。这也为第三次划名字环节和之后开放对话的情感体验推波助澜，原先漠然的人也开始动容了。

进入内心世界第四层环节，播放音乐 5《勇敢的心》，低沉、揪心的音乐似乎能感受到颤抖的心弦。当这样的活动进行到第四次重复时，有三分之二的学生已经情不自禁地失声痛哭了。《勇敢的心》在此刻响起，仅剩的几个“坚强者”，内心也开始震撼起来！从体验场的氛围，从学生们的神情和言谈中分明显示出他们的心弦已被触动、心灵已被震撼，过去的生态阅历、未来的生命梦想已被唤醒，除了泪水，体验者还有更多的情感需要倾吐和发泄！

在最后的升华体验环节，播放音乐 6《感恩的心》，在一阵痛哭声中，充满温暖，明快舒心的音乐《感恩的心》缓缓响起，提醒体验者回到理性的现实，带着感恩的心写下此刻的内心独白。同时，这首音乐也和之前几首形成鲜明的对比，其实这也是对体验者心灵的一种安慰，甚至是一次“疗愈”。在体验“痛失”感性活动后的反思性表达中，学生们的理性智慧得以提升，真情的流露、心灵的顿悟产生了互动和共鸣，温暖着体验场中的每一个人。体验者察觉到了现时拥有的珍贵，重拾了曾经漠视的情感，学会了对父母亲人感恩，对所有帮助过自己的人心怀感恩。紧紧相握的是彼此的双手，紧紧相拥的是彼此的心灵。

声音是由物体振动产生的声波，是通过介质（空气或固体、液体）传播，并能被人或动物的听觉器官所感知的波动现象。声音可以传递信息，声音可以传递能量。陈金凤老师对于声音素材的使用堪称典范。

4. 视频素材

李华老师在设计小学四年级主题教育课“好信用，刷刷刷——玩转电子学生证”时，在“大数据践诚信环节”播放视频《大数据时代下的诚信》：互联网大数据技术对人类历史产生颠覆性影响，个人征信数据已成为我们从一出生就开始感知和掌握的第二母语。人类进入了一个全新的征信时代！中国央行征信中心数据库累积了大约8.4亿个人征信和接近2000万家企业征信。互联网信用评分通过对网络行为记录进行数据挖掘。互联网信用评分涵盖方方面面，如：共享单车信用免押金、支付宝芝麻信用分、滴滴打车信用互评、银行信用档案……高信用享多福利：ofo开锁信用解锁新时代高信用免押金、信用卡高信用福利多多，芝麻信用高信用多服务。26个部门对失信被执行人限乘飞机、高铁等，未来，失信者将寸步难行。

视频是实现信息技术与活动整合的重要素材，是形、声、色、知、情、意融合在一起的大课本和活教材，以直观、生动、形象等优势成为运用价值最高的资源之一。视频素材能够有效突破重、难点，从视觉、听觉上吸引学生上课的兴趣，激发学生学习的积极性和参与性。视频素材将视角从静态的书本延伸到动态的自然、历史和社会领域，开拓学生视野，提升素养，也增强思考问题和解决问题的能力。

5. 文本素材

陈豫老师设计的“谣言，你怎么看”一课，通过小组讨论和当场辨析，引导学生自主归纳，总结出辨析谣言的方法：一看来源，是否官方渠道；二看用词，是否有煽动性、诱导性、迷惑性；三看内容，是否符合常识规；四看目的，是否存在利益链。班主任应该引导学生用理性的头脑、科学的方法对待网络里纷繁复杂的信息，学会客观、理智地分析问题，从而提高学生辨别谣言的能力。

印发给学生的相关文本资料为：苹果输入法闯祸“击沉中国”让13亿人怒火中烧！

一直以来，我们都认为“苹果”是一家把高科技做到极致的值得尊敬的企业！其产品曾改变了全世界人的生活方式！然而今天，我们却因为“苹果”而感到愤怒，也为“苹果”感到羞耻！

因为我看到了下面这条信息……一开始我认为这是谣言！然而，当我身边的朋友一次次尝试输入“击沉”后，苹果手机关联出的第一个词竟然真的都是“中国”！

小编亲身测试确实如此！这让众多网友不淡定了，更可笑的是，输入“追随”，出现的联想词变成了“美国”。

这到底是苹果公司的无意之举还是刻意为之？挣着中国人的钱还变着法儿侮辱我们，这是“拿豆包不当干粮”吗？可能对于苹果输入法开发团队来说，这次事件仅仅是个“意外”，词库匹配算法不同而已，与政治没有关系。不过对于13亿中国人来说，“意外”这个解释远远无法浇灭我们的怒火！

值得一提的是，此前，苹果手机地图曾将钓鱼岛划给了日本。引起中国网友集体抗议，苹果公司为了不丢掉中国市场不得不对地图进行修改才平息此事。苹果公司一次又一次运用很low的小伎俩刺激中国人，是想引起国内动荡还是怎样？

一直以来，苹果整华为、查中兴、告腾讯、撕高铁，接连对中国企业下手，让人愤怒至极！赚着中国人的钱，却践踏着中国人的尊严，我们不能忍！理性爱国，中国人得团结一心。

文字素材以书面形式来表达内容，如寓言、典故、诗词、故事、童话、名言警句等，能把深奥的道理说得浅显易懂，把抽象的东西变得具体形象。贴近学生认知的文本素材，不但能向学生提供学习信息，还能帮助学生扩展思维，展开联想，激发兴趣。

6. 实物素材

徐留芳老师在三年级主题教育课“如果我是你”中准备了两只苹果，请两位学生来挑选。通过“苹果实验”，学生悟出了一个道理：站的角度不同，想法也不一样。

1. 师：同学们，你们喜欢吃苹果吗？

生：喜欢。

2. 师：讲台上有两个苹果，如果请你挑的话，你会选哪一个？

生1：我选左边的苹果。

3. 师：你为什么选左边的苹果？

生1：因为左边的苹果又红又大，还有光泽，右边的苹果太小了。

4. 师：刚才小红同学是在座位上选的，老师再请小军同学到讲台前来选一选，并说明理由。

生2：我选右边的苹果，虽然右边的苹果小了一点，但是它没有虫眼，没有斑点。

5. 师：为什么他们会有不一样的选择？老师请小红同学到讲台前来，告诉大家小军选择右边苹果的真正原因。

生1：哦，因为从这个角度看过去，虽然左边的那个苹果又大又红，还有光泽，但它的背面有一个大大的疤痕。如果让我重新选，现在我也选右边的。

6. 师：是呀，小红在座位上选了左边的苹果，可是到讲台前发现苹果的背面有一个疤痕，现在，她改变主意了，选右边的苹果了。其实小红和小军出发点是一样的，都是站在自己的角度，选择了更好的苹果。这个实验告诉我们，角度不同，想法也不一样。今天我们就一起探讨一个有趣的话题——如果我是你。

利用贴合学生实际生活的素材进行教育是纯自然的，这些素材在生活中随处可见，随处可取，也是最容易被学生接受的，能牢牢抓住学生的眼球，让学生从看、听、闻、尝、触等多方面了解吸纳，达到最佳效果。

四、甄选识别，把握五大特点

当大量的素材摆在班主任面前时，该如何遴选呢？素材要做到五个方面。

1. 准

卫黎敏老师执教《醉旗袍》一课时，为孩子们准备了曲线优美的旗袍样板，花样繁多、美不胜收的旗袍纹样，还有各种领子、盘扣。这些素材紧扣主题，引领学生走进旗袍文化。

王老师在《珍惜粮食每一天》中曾创设了这样一个情景：按照不同的人数来计算每天节约的粮食数量，从班级到学校到上海直至全国，每人每天节约一粒米，分别可以节约的数量，以此说明全国人民每天可以节约多少粮食。然而，二年级学生没有学过相关的数学计算知识，算到后来就云里雾里了。显然，这个内容不适合二年级学生的认知范围。

内容紧扣主题，保留依据主题的内涵和外延，还要结合学生的生活实际，以真实的感受服务主题。如果偏离主题，那么，不管内容如何丰富，都不会达到预期的目的。

2. 鲜

倪新华老师先后两次执教有关感恩的主题教育课“报春晖”。第一次，倪老师还是“单身贵族”，选用了自己的一张婴儿照，从黑白的老照片谈到勤劳淳朴的父亲含辛茹苦养育自己的诸多往事，此时，倪老师的身份是女儿；第二次上课时，倪老师已经是一个3岁女孩的妈妈了，身份的转变让倪老师在谈及“感恩”的话题时有了不同的感触，她选用了女儿的生活照片，和学生分享照片背后的故事，丝丝母爱自然流淌，沁人心脾。

教育具有长期性和重复性的特点，要不断更新活动内容吸引学生，在变换中求新颖，特别要增加那些新时期出现的新事物和学生关注的热点话题，这样的内容既新鲜又富有时代精神，给学生以耳目一新的震撼力。

3. 真

瞿晨炜老师执教“课间安全”时列举了发生在本校的一个真实事例：某天的课间十分钟，男同学小辉与女同学小琴开“玩笑”。小琴正趴在桌上与前面的同学讨论题目，坐在后排的小辉乘小琴不注意，悄悄抽掉了小琴的椅子，小琴毫不知情，顺势往下一坐，只听见一声惨叫，出事了。经医生诊断，小琴的臀骨撕裂，短期内不能坐、不能走，只能在家躺着。这是一件发生在学生身边的真实事件，给学生的教训非常深刻。

坚守本真是教育永恒的追求。学生在生活中的每一个经历，每一个故事，每一个感悟，都是主题教育课不可多得的教育素材。因此，选取学生身边的真实事例，能触动学生灵魂，达到理想的教育效果。

4. 精

唐华英老师执教“伲的家乡，城的未来”一课时，借助“地图”标出泥城地区的地理方位，层层深入，通过观察、探究，运用多种教学方式了解泥城，热爱泥城，进而促进学生对家乡历史的了解。

莎士比亚说：“简洁是智慧的灵魂。”如果内容芜杂，重点不突出，课堂会

出现华而不实的泡沫现象。优秀的老师运用的素材并不是很多，但凭对素材灵活、高效的使用，营造出生动、精彩、充满张力的课堂。所以，不合适的、多余的要坚决舍弃，否则就会出现材料罗列、内容繁复却无法突出主题的现象。

5. 深

沈可蕾老师在六年级主题教育课“小动作　大能量”一课中选取了“小故事、小动作、微公益”三个活动内容，力求以“小”见“大”。首先以小故事《风和太阳》作为导入，将太阳“轻轻抚摸”和风“猛烈吹”两个动作对比所导致的结果进行分析，揭示“友善小动作可以发挥大作用的道理”；随后以人与人之间交往的小动作（如微笑、问候、握手、拥抱等）为切入点，逐一展示了友善其实可以很简单；最后播放“待用咖啡”微公益视频：在一些咖啡店专门设立了一个爱心咖啡角，让一些买不起咖啡的流浪者也可以在此品尝温暖的咖啡，感受来自他人的关爱。学生们在视频中感受到了微公益的力量——积沙成塔，唤醒整个社会的爱心和友善。这样的教学内容切口小、意义大、能理解、易掌握，既彰显了活动的意义与价值，又大大降低了学生们理解社会主义核心价值观的难度，提高了课堂教学的有效性。

选择内容时，班主任务必做到精挑细选、以质取胜，避免素材量多庞杂，或蜻蜓点水，浮于表面。

五、“素”途同归，把握素材关系

1. 社会素材与本地（校）素材的关系

方秋萍老师在设计一年级主题教育课“学会整理书包”时发现，小学一年级，书包便成了学生们离不开的伙伴。小小的书包，就是一个小天地，能洞察很多小秘密。一个脏兮兮的书包孤零零地躺在地上，张着大嘴，里面的东西凌乱繁多，有课本，有零食，有玩具，如果摊到桌子上，可铺满整整一桌子。于是，方老师将此现象挖掘出来，成为教育的素材。先让孩子们给书包取个可爱的名字，让它成为一个有生命的对像，还指导学生模拟小书包的语气说：“我是书包玲玲，看，我的大夹层里放着课本，小夹层里放着本子和铅笔盒，拉开外面这个拉链，可以放进小主人心爱的水彩笔，我的两侧还有两个小口袋，里面可以放跳绳和水杯。我的小主人对我可好了，从不在我肚子里乱放东西，小主人特爱干净整洁。”

视角向外，有利于学生更开放地看待事物，因此是可取的，但是有时不免舍近求远。视角向内，本地（校）的实际事例，有真实感、认同感和说服力，学生参与系数高，互动性强。最好的做法是把社会素材与本地（校）素材结合起来。学校德育应当开发社会大环境中的德育资源，从中获取鲜活的德育信息，并把“本本德育”资源和传统德育资源置于社会发展和学生成长的动态背景下加以解读。

2．直观性素材与探究性素材的关系

姜霜老师的四年级主题教育课“‘丢丢’回家”，老师收集了大量的资料，有课前问卷的数据，有利用网络介绍的动物收容所，有视频新闻《将爱心进行到底》，有人大代表“关爱流浪动物”提案等。朱毓昊老师设计的“镜头里的值日生”，用镜头聚焦生活中平凡的值日生，学生成了镜头里的主人公，平时的表现瞬间出现在大屏幕上，成了课堂中最主要的资料，学生通过观察自己的表现，运用已有的知识和经验，更快、更有效地发现了问题。

具有图、表、声、色等元素的素材能使学生强化感性认识，吸引学生注意力，激发其求知欲，提升教育效果。但是过于直白的素材若使用过多，就不利于调动学生高阶思维，也不利于养成创新品质。

因此，素材涉及内容要广泛，收集渠道要多元，要素组合上要突出探究性、开放性。班主任要选用适当的方式和素材，以及对活动目标有启迪作用的信息，制造一些能引起学生注意或有兴趣的，刺激他们的神经，多采用过程性素材，少用结论性素材。

3．正面素材和负面素材的关系

祝永华老师在小学四年级主题教育课“‘蒋诚信’和‘梅诚信’”中呈现了“高铁霸座”新闻视频资料：2018年8月21日，从济南开往北京的G334次列车上，孙赫在女乘客上车前，先坐在了属于女乘客的座位上，女乘客上车后，继续“霸座”，并拒绝与乘务人员的沟通，称“无法起身，不能归还座位”。经列车长和乘警劝说无果后，被占座女乘客被安排到商务车厢。

生活中有催生美好品德的正面德育素材，也有反映丑陋行为的负面德育素

材。真、善、美和假、恶、丑此消彼长。孩子不是温室中的花朵，必须在正面事物跟反面事物相制相抑中增强免疫力，构筑品德防线。因此，对诸如“高铁霸座男事件”等负面素材，不必刻意回避，应视为其培育学生良好品德的特殊资源。

社会“转型期”，传统与时尚冲突，本土与外来碰撞，多元文化和多维价值观并存，使得德育素材种类繁多且庞杂。只有家庭、学校、社区、媒体相互协同，充分运用各种校内外的资源来丰富主题教育课的内容，才能在多维德育资源、多元德育信息的互动中构建和谐的教育网，取得良好的教育效果。

步步匠心——分析取舍　加工重组

自从加入浦东新区姚瑜洁德育教师基地，我先后观摩了多节主题教育课,有“如果我是你”“我们一起来”“谣言,你怎么看？”“担当”“共享单车，共想安全”等，终于轮到自己要开课了，很是忐忑。我最先选择的主题是诚信，后来换成敬业。由最初的“寻找身边的敬业者”调整为“敬业者最可爱”。在备课磨课的过程中，我经历了从多到少、删繁就简的过程。

——邵如洁老师设计六年级主题教育课“敬业者最可爱”的心路历程

素材，指的是班主任从现实生活中搜集到的、未经整理加工的、感性的、分散的原始材料。这些材料并不能直接用到主题教育课中，需要经过取舍、加工。原始素材的搜集相对来说比较容易，但是，一节课不是所选素材的堆砌，“拿来主义”在素材使用上是行不通的，要找到契合主题内容的、贴近学生生活的素材，并对素材进行分层有序地梳理，方能适用。

一、慧眼取舍

素材是为主题服务的，面对众多精彩纷呈的素材，班主任需要有一双慧眼，有步骤、有方法、有条理地对素材进行取舍加工重组，继而生成简明扼要的活动内容，服务于主题教育课。

（一）素材分析

在设计六年级主题教育课“敬业者最可爱”一课时，邵如洁老师在百度上搜到了6千多条素材，经过甄选，下载了海量的事例。

（二）素材取舍

第一稿：选择了人民的好干部焦裕禄、平民英雄最美司机吴斌、中国工程院林俊德院士、最美女教师张丽莉、战地记者袁文逸等人的素材。实践后发现，因素材太多，不够精炼；素材陈旧，缺少吸引力，所以，还需要进行慎重甄选。

人民的好干部焦裕禄：他全心全意为人民服务。他心里装着党，藏着兰考人民，唯独没有他自己。

最美司机吴斌：他时刻牢记自己的责任。在铁块砸碎玻璃的危急关头，他以一名职业驾驶员的高度敬业精神，采取一系列安全停车措施，确保了24名旅客平安无事，自己却因伤势过重去世。

中国工程院林俊德院士：他为中国的核武器奉献了自己的全部。入伍52年，参加了我国全部核试验研发，为我国的国防科技和武器装备事业倾尽心血，在癌症晚期，仍以超常的意志工作到生命的最后一刻。

最美女教师张丽莉：她感动了一个国家。当失控的大客车朝她和她的学生驶来时，她本能地推开了学生，自己却失去了宝贵的双腿。

战地记者袁文逸："子弹在头顶上嗖嗖飞过，炮弹在200米开外爆炸，路上的汽车炸弹将人体炸得血肉模糊。"袁文逸用自己的战地观察，把大家带到了另外一个世界。出生于1981年的袁文逸，是上海广播电视台电视新闻中心的首席记者，11年来一直奔跑在新闻一线。她曾经参与过全国"两会"、上海"两会"、汶川大地震、上海世博会等重大报道。但最难忘的经历，是在战火纷飞的利比亚、乌克兰、叙利亚、埃及等国。

第二稿：保留了战地记者袁文逸的素材，同时增加了更加贴近时代的排爆警察丁华、大学教授钟杨和青年演员刘昊然，虽然这些素材能够引起学生的共鸣，但素材太多，反而冲淡记忆，留给学生思考感悟的时间不足，特别是"丁华、钟杨、刘昊然、袁文逸"四则材料尽管各有侧重，但还是存在一定的雷同。

排爆专家丁华：一人一车一弹一等功臣。在三十余年的排爆工作中，排爆近400次，处置炸弹、手雷上万枚，经历了数次生死考验，捍卫了广大人民群众的生命和财产安全，诠释了人民警察心系百姓、不怕牺牲的英雄本色。

青年演员刘昊然：敬业的小鲜肉。热血战争巨制《建军大业》中，19岁的刘昊然饰演19岁的粟裕，以军人标准严格操练，高难度动作亦亲自上阵，每天身上都是一股硝烟味。他在电影中奋力杀敌的场面令网友感慨"青春勇猛干劲足，国之少年当如是！"

永远的钟扬：一粒种子的初心和梦想。坚持援藏16年，像守护生命一样守护祖国植物基因库，在青藏高原跋山涉水50多万公里，数次攀登至海拔6000多米处，收集了4000多万颗种子、打响了"植物保卫战”，让西藏大学生态学科入选国家“双一流”学科。

第三稿：选择典型人物的先进事迹时，应该尽可能贴近学生所处的时代，以免因为年代过于久远而无法引起学生的兴趣；选择贴近学生的素材时，要尽可能地从学生身边的老师、同学、亲友中选择，越是贴近学生生活，就越能引起学生共鸣，最终，精选保留了钟杨教授的素材。

1. 一张写真照片：钟杨教授面带温和而坚定的微笑。标志性的双肩包、褪色的卷檐帽，这个魁梧的汉子在雪域高原笑得如此灿烂，一副永远在路上的模样。

2. 一段初始视频：6 分 34 秒的视频，展现高原背景、钟杨教授自我介绍、钟杨教授谈收集种子和教育藏族大学生的意义、钟杨教授和学生在西藏各地采集种子的画面、钟杨教授的学生谈科考路上的危险、钟杨教授谈科考的苦难、钟杨教授表达对学生的期望、对香柏的研究和部分成果的简介、钟杨教授介绍自己在西藏 13 年取得的成果、钟杨教授谈对未来的畅想。

3. 一部话剧：报告剧《生命的高度》并不直接展现钟杨的形象，而是以钟杨亲友、同事、学生的面貌出现，用语言艺术的力量传递他生前的诸多故事，缅怀这位优秀共产党员、杰出教育工作者，致敬钟杨不懈攀登生命高峰的“种子精神”。

二、妙手加工

（一）技术致胜

有些素材必须经过剪裁加工，方能为我所用。如视频资料，要学会运用相关软件对视频进行剪辑拼贴，大段的视频只需取其精华；文字内容经过裁剪再整合成材料；图片可以截取部分画面，这样的内容不仅贴合主题，也贴近学生。因此，在寻找素材资源的道路上，班主任要学会搜索、下载、截取视频，甚至在找不到合适的视频时自行录制。在“技术致胜”的年代，班主任有必要掌握几款软件的应用，如专业致力于视频下载的“硕鼠”，剪切合并视频、音频一级棒的“格式工厂”，适用于视频制作入门级的“超级录屏”等。

（二）剪裁加工

邵如洁老师在设计“敬业者最可爱”一课时，精选了钟杨教授的材料，保留了《生命的高度》剧照和相关的新闻照片等素材，重点对 6 分 34 秒的初始

视频素材做了精细的后期剪辑，处理成了“钟杨教授自我介绍、钟杨教授面临的困难、钟杨教授的抉择”三个短视频，共计 2 分 59 秒，穿插在三个环节之中，通过对手头素材的深度加工，做到物尽其用，真正发挥素材的作用。

1. 钟杨教授自我介绍（59 秒）：我是钟杨，一名工作在青藏高原的生物学家，一名来自上海的援藏教师。我坚信，一个基因可以为一个国家带来希望，一粒种子可以造福万千苍生。我这十三年在西藏干了三件事：为国家和上海的种子库收集了上千种植物的四千万颗种子，它们可以储存上百年；培养了一批藏族科研人才，我培养的第一个藏族植物学博士，已经成为教授；为西藏大学申请到第一个生态学博士点，第一个国家自然科学基金项目。我希望，打造一种高端人才培养的援藏新模式。

2. 钟杨教授面临的困难（1 分 01 秒）：采样时很辛苦的，为了采样，钟杨教授等人每年至少要走三万公里。学生摔倒，就先扶她离开这个地方。到处都有过敏源。采种子路上经常会发生各种各样的状况，陡坡、险滩、雪山等危险环境及高原反应、车祸等生命威胁。科学研究就是对人类的挑战。

3. 钟杨教授的选择（59 秒）：高原植物学人才的培养，不仅仅在课堂，也在雪山脚下、荆棘丛中。这一路总是充满艰辛，而我的学生——未来的植物学家，必须要学会克服困难、迎接挑战。海拔越高的地方，植物的生长越艰难，但是，越艰难的地方，植物的生命力越顽强。我希望我的学生，就如这生长在世界屋脊的植物一样，坚持梦想、无畏艰险。我相信，终有一天，梦想之花会在他们脚下开放。任何生命，都有其结束的一天，但我毫不畏惧，因为我的学生会将科学探索之路延续。而我们采集的种子，也许会在几百年后的某一天生根、发芽，到那时，不知会完成多少人的梦想。

素材信息丰富，包含的教育点就多，一堆素材运用于某一特定话题时，它的价值仅在局部上，我们需要的只是其中的一部分。所谓“弱水三千，只取一瓢饮”，其余无关紧要的信息则大胆删去，对细节点的取舍就是素材价值化的第一步，即取切合主题的细节点。

（三）用心创造

在为德育教育选取素材时，许多素材会随着社会发展，不断变化、适时需要、

推陈出新、添加符合时代需求的内涵，即便是传统的德育资源，也要在时代语境中解读。邵如洁老师在素材准备的过程中，发现手头缺少学生身边敬业典型的素材，就通过同事收集了航头学校陆文龙老师的相关事迹和图片，自行编写了以下素材，对细节点进行了情景还原。

陆文龙老师是航头学校的科技总辅导员，他呵护每个学生的“奇思妙想”，倾心培养在发明创造方面有天赋的学生。为他们提供动手实践的机会，陆老师为了带领学生们完成创意作品，在创新实验室里敲敲打打，经常要忙到很晚才回家，周末时还经常到学校来辅导同学们。由于长期加班加点，疲劳过度，一度导致他的视网膜险些脱落，但病愈后他又马上回到了学校，这种敬业精神值得大家学习。

主题教育课要做到内容紧扣主题、服务主题，必须从实际出发，充分考虑学生的文化基础、活动能力和兴趣爱好，必须选好角度、增加深度。有时，没有现成的素材，智慧的班主任就会自己创作素材。

三、合理串联

设计的过程就是恰如其分地使用素材的过程，对素材兼收并蓄，运用得当，各得其所，发挥其应有的价值。运用手中的素材资料，表达对某一话题的相关观点，其中思想是核心，素材是载体，而素材对话题的有效支持，取决于素材的细化，以及细化后各素材的价值。

“一张照片话偶像”环节，用《生命的高度》剧照、相关演出的新闻报道图片、被中央宣传部评为“时代楷模”的图片来导入。

“一段视频初印象”环节，播放钟杨自我介绍视频 59 秒。

“数据回忆有见证”环节，用好相关数据：1000 多种植物的 40000000 颗种子，思考采撷这些珍贵种子的过程是不是一帆风顺。

“猜测困难知不易”环节，播放钟杨教授面对各种困难的视频片段 1 分 01 秒。教师及时补充：西藏地区被称为世界屋脊，平均海拔 4000 多米，氧气含量仅为平原地区的 60%—80%，钟教授曾遭遇过一次严重的脑出血，幸亏被身边的人及时送到医院，才脱离了生命危险。

“如何抉择知心意”环节，播放视频《钟杨教授的选择》59 秒，激发认同感：钟杨教授和身边的人都是真正的敬业者。

邵老师整合素材，设计了五个环节，各个环节推进流畅，留给学生感悟思

考的时间多了，学生的见解会越发深刻。

“治大国，若烹小鲜”，主题教育课与之异曲同工。要烹制出一盘丰盛的菜肴，就要细选食材、合理加工；主题教育课围绕主题进行多层面、多角度的材料筛选，材料力争充实、鲜活、生动、丰富、典型，达到以情感熏陶人、以内容教育人的目的。

独具匠心：形式更新的关键所在

有机统一——呈现载体　服务为先

形象不是形式，而是形式和内容的统一，形式中每一个点、线、色、形、音、蕴，都表现着内容的意义、情感、价值。所以诗人艾里略说："一个造出新节奏的人，就是一个拓展了我们的感情并使它更为高明的人。"又说："创造一种形式并不是仅仅发明一种格式，一种韵律或节奏，而且也是这种韵律或节奏的整个合式的内容的发觉。莎士比亚的十四行诗并不仅是如此这般的一种格式或图形，而是一种恰是如此思想感情的方式"，而具有着理想的形式的诗是"如此这般的诗，以致我们看不见所谓诗，而但注意着诗所指示的东西"。

——宗白华《美学散步》

一、形式的概念

形式，是指事物的外部状态。无论是高雅的艺术作品，还是民间风俗，都需要借助一定的形式来突出主题、呈现内容、渲染气氛、调动情绪，以达到预期的效果。主题教育课的活动形式影响着教育效果的达成。

二、从辩证法的角度看形式与内容的关系

主题是活动的灵魂，内容是活动的骨肉，形式是活动的载体。让"有意义的活动变得有意思"，"意思"即"形式"，"意义"即"作用"。

1．形式和内容的区别

内容是构成事物的要素，形式是内容诸要素的组成结构、组织类型，是内容的表现方式。内容是事物存在的根本，而形式则是事物存在的条件；内容是持续更新的，而形式则是相对稳定的。

2．形式和内容的联系

任何事物都有内容和形式两个方面，二者是统一体。内容之现于外，必借助于形式；形式有存在之意义，必赋予其内容。因此，内容是形式的基础，形式是内容的表达途径，没有脱离内容的形式，也没有脱离形式的内容。

3．形式和内容两者相互作用

有什么样的内容，就有什么样与之相适应的形式；内容的发展决定形式或

迟或早总要发生变化。一定的形式只有在一定的内容基础上，适合一定内容的需要，才能产生和出现。同一内容可以有多种形式；同一形式可以适合不同的内容；新事物可以利用旧形式而发展，旧事物也可能采取新形式而复活。

三、形式的选择

好的形式可以为内容增色增效。主题教育课的形式应该由内容来决定，采用何种形式，取决于内容的客观需要，取决于内容的价值追求，取决于要达到的教育效果，做到形式为内容服务。在追求形式多样的同时，更应该注重形式所要传达和体现的意义。

1. 形式与内容的统一

内容要通过一定的形式才能表现出来，形式必须依托于一定的内容才有存在的价值，二者只能统一，不能分离，把握学生喜闻乐见的时尚元素，并巧妙运用，使活动形式更有吸引力，活动内容更具魅力。

沈可蕾老师设计的六年级主题教育课“小动作，大能量”，在“辨析友善”环节中有这样的活动内容：出示的十条日常待人接物行为，请学生进行判断，采用了“拇指点赞”的形式。活动前下发若干“拇指点赞”手卡，由学生通过举“拇指点赞”进行价值判断。其灵感源于风靡社交网络的“点赞”功能：每个帖子下有一个大拇指形状的“赞”按钮，点击一下该按钮即对该帖子点赞，表明对该帖子的喜爱、赞同。这一形式的运用，大大激发了学生的参与热情，活跃了课堂气氛。

“小动作，大能量”在“为友善代言”环节，运用了两种形式：

一是写专属“代言词”，“代言”泛指明星为某方面或某种产品宣传发言，而学生为本课主题“友善”撰写自己的专属“代言词”，运用“广告语”琅琅上口、新颖独特、主题突出的表现特点，用文字巧妙地呈现对“友善”的理解，检验和巩固对“友善”的理解。

二是“拍立得”留念。“拍立得”因其立拍立现而得名，因其别具一格的胶片质感而成为时尚新宠。当学生上台大声念出自己撰写的专属“代言词”时，通过“拍立得”定格画面，并赠与照片留念。这一形式充分调动了学生参与的积极性，不少平日腼腆的学生也踊跃上台喊出“友善”宣言。

2. 形式与条件统一

主题教育课的形式主要应该由内容来决定，活动形式的选择是多样的，要

从实际出发，不可简单地去套用别人的活动形式。有的形式固然好，却由于缺乏某些条件而无法开展。有时，同样的内容，因实际条件不同而需要采取不同的活动形式。我们要根据班级条件、社会因素和自然环境因地制宜地选择相应的活动形式。

李玉滚老师设计的高二年级主题教育课“摘取头上的‘金苹果’”源于这样的活动背景：在当时高二选科和文理分科的社会舆论背景下，学生的心理状态不稳定，有的能够明确方向，已经在为上高三作准备；有的认识不清，信心不足，对高三充满畏惧；有的因为遭遇多次挫折，认识偏激有误……这时，就要因势利导，启发学生找到自己的最近发展区，廓清疑惑，形成平和稳定的心态，更好地适应高三的学习生活，使他们获得最大成功。为此，老师创设了一个故事，先后用三种不同的形式呈现。

	内　　容	形　式
第一次的设计	高考和就业是人生中的两根指挥魔棒。老师听说过一个故事，有三个同学，一个加试文科，一个加试理科，一个加试艺术。她们的头顶有很多的金苹果，只是有的要他们跳得很高才会得到。	教师讲述
第二次的设计	有三个面临人生选择的高二学生，他们有幸获得一位魔术师的垂青，可以各自以一种状态去采挂在头顶的金苹果，能看到将来自己的结果。甲选了坚定，他成功地够到了头顶的金苹果，顺利地摘了下来，还看到他将来的生活图像是实现了自己的人生理想；乙选了犹豫，他试了几次才够到头顶上的金苹果，最后摘下最低处的金苹果，在他将来的生活图像中，他错过了好多次绝佳的机会；丙选择了边走边看，他总是刚刚能够到头顶的金苹果，跳了无数次后，一个自落的小苹果砸到了他的头上，他看到自己将来的生活是断断续续的、模模糊糊的。	学生讲述《魔术师的金苹果》
第三次的设计	生 1：你好，伟大的魔术师，你能够给我帮助么？ 魔术师：你好，年轻人，你可以到魔毯上来试一试。 生 1：我要做些什么准备吗？ 魔术师：你先来挑挑魔术袋子，把它放进怀里后再去摘头上的金苹果。 生 1：我选好了，可以开始了吗？	制作数字小品《魔术师的金苹果》

续表

	内 容	形 式
	魔术师：嗯，开始吧……喔，祝贺你，你成功地摘下了头顶的金苹果，你将来的生活图像是实现了自己的人生理想。 生 2：伟大的魔术师，你好吗？ 魔术师：你好，年轻人，来这里有什么事么？ 生 2：呃，你能不能也帮我一个忙啊，我也想上魔毯试一试。 魔术师：你也来挑挑魔术袋子，把它放进怀里后再去摘头上的金苹果。 生 2：我选哪个呢，还是这个吧，我跳了啊？ 魔术师：好的…… 生 2：怎么会没他顺利呢？ 魔术师：嗯，你试了几次才摘下头顶的金苹果，在你将来的生活图像里，你将错过好几次绝佳的机会，原因嘛……哦，又来了一位。 生 3：哈哈，好玩，哈哈，有趣，请问大师也可让我试一下么？ 魔术师：年轻人，只要你诚心，给你一样的机会。 生 3：我随便选一个吧，看我的，跳…… 魔术师：哦，当心，没砸疼吧？ 生 3：嗨，大师，怎么会这样？ 魔术师：你没摘到，却被一个自落的小苹果砸到了你的头，而你将来的生活图像里，没法看到清晰连续的自己。问题呀，都在你们怀里的那个魔术袋子上，拿出来看看就明白了，你们都带上了怎样的心理状态？ 生（合）：啊，原来是这样的呀！	

第一次设计采用教师口述的方式，故事内容也比较单一，说教的痕迹较浓；第二次设计采用让学生讲故事的方式，内容也较为生动，但脱不了灌输的嫌疑；第三次设计采用了小品的形式，用人物对话的方式来呈现，情境性强，最初准备请学生进行当堂演绎，但班中缺少表现力强的学生，担心学生笑场，最终，采用了录制数字故事的形式，取得了理想的效果。

3. 形式要求新求变

俗话说得好：变则新，不变则腐，活动形式也要紧跟时代潮流，给学生新鲜感，既能吸引学生的注意力，又能取得良好的教育效果。

（1）不同年段，不同形式

同一主题在不同年段召开，所采取的形式应有所不同。如禁毒教育，在小学高年级阶段，可以以知识讲授为主，以师生对话为辅；在中学阶段，可以以情境思辨为主。如感恩教育，形式可谓多样，有“护蛋行动”，有“参与、体验、感悟”模式的背沙袋活动，有设计小报，有写感恩信，有制作感恩贺卡，有录下感恩的话，有当场和父母通电话，有换位体验感受老师一天的生活……活动内容及形式设计要尽量出其不意，让学生感到“新奇感”，以收到出奇制胜的效果。

（2）同一主题，不同形式

国民之魂，文以化之；国家之神，文以铸之。传统文化是民族的血脉和灵魂，源自上古，流向未来。党的十九大报告提出“推动中华优秀传统文化创造性转化、创新性发展”的决策。由此，上海市浦东新区班主任团队开展了“传统文化我传承”系列主题教育课的实践和探索。

陈瑞老师的“中国相声　百年欢笑”以地点的变换为主线，从天桥到剧场，再回到课堂，运用视频《天桥往事》、相声表演《套路趣谈》等资源，传播耳熟能详的民间说唱曲艺“相声”，使队员们知道相声的起源和发展，了解相声的基本功“说学逗唱”，感受相声的表演形式和价值。

叶静燕老师的“诗意扇子　与善同行”用“摸一摸　猜一猜”的暖场游戏带领学生进入扇子的世界：第一环节“奶奶的扇子”中，吴侬软语说不尽亲人的温情，师生互动表演“奶奶给孩子扇扇子”的情境，让学生体会到家人之爱；第二环节“文化的扇子”中，大气恢弘的G20开幕式中，多媒体扇子表演吸引了学生的眼光，不禁赞叹国人的智慧；第三环节“朋友的扇子”中，通过动手画“扇面画”并送出扇子及祝福语，引导学生体会“扇者，善也”的含义，号召大家做一个与善同行的人。

潘志燕老师的“针尖上的‘芭蕾’”以中国传统文化“苏绣”为切入点，通过“心灵手巧之美”“勤学苦练之美”“坚持不懈之美”“传承创新之美”四大版块，引导队员了解苏绣的基本技法，知道“巧手取线劈个丝，一线生出数根丝，苏绣细线并不细，千丝万缕织锦绣”；感受苏绣艺人身上具有的匠人精神，并通过辩论的形式，让队员懂得

"传统文化既要传承，也要创新发展"。

王遥珏老师的"小宣纸　寿千年"设计了"小宣宣"这一卡通人物贯穿全程，小宣宣用"刻苦钻研、团结协作、继承创新"三把文化钥匙穿越千年，观宣纸之成，悟造纸之魂，引导学生在潜移默化中了解宣纸的特点，道出了小宣纸寿千年的真谛。

张玲巍老师的"镂空的美——剪纸"，创设了师生齐动手布置"迎新教室"的情景，回归学生已有的生活经验。通过视频、竞答、阅读小报等多种形式让学生感受到剪纸艺术的淳朴生动、寓意广泛，掌握剪纸的相关知识；通过游戏和活动，了解传统剪纸具有的民俗性、吉祥性、意象性；设计创作一份剪纸作品，在体验剪纸工艺的制作过程中，剪出富有寓意的作品来装点教室，可谓是环环相扣，水到渠成。

十八节课就是十八个火把，精彩纷呈的课题点燃了学生对于传统文化的热情，各种形式的活动让学生在体验的过程中学到知识、感悟精神，各具内涵的传统文化在老师们妙趣横生的设计中，显现出十足的魅力。

主题内容要通过一定的形式才能表现出来，形式必须依托于一定的内容才有存在的价值，二者只能统一，不能分离。在选择形式时，应明确认识到，选择形式是为了使主题内容更好地表现出来，使学生在积极参与中受到深刻教育。只要是适合既定主题内容的活动形式，都可以采用。当然，开展主题教育课还应以思想性、教育性为主，不能完全出于猎奇的目的，置主题教育课的内容不顾，就会违背主题教育课预定目的，失去教育意义。

另辟蹊径——量身定做　创意无限

王老师，您好，昨天你给5班上课，我女儿陆××开心极了，晚上十点多还跟我絮絮叨叨，讲个没完。她说这是她上过的最精彩的一节课，如果每节课都这样，她每天早上会求着我送她去学校的。

她跟我分享了课中的内容，其中有几个细节，我印象特别深。她是这么“评价”你的哦（原话）。一、先听到哇哇的哭声，王老师用她那甜美的声音说:“这是谁在哭啊？”然后画面跳出一个穿越的女孩:“我是小宣宣……”她说王老师接得天衣无缝。二、王老师让同学站成两队，一队是希望小宣宣回到古代的，一队是不希望小宣宣回古代的，结果全部的人都站在不希望小宣宣回去的一边，这时，王老师有点尴尬了，不过，她马上反应过来，自己站在了希望小宣宣回去的一队里，接着让同学说出理由来挽留她……这些基本都是她的原话啦。

整节课还有精美的道具，只听到她说篮子篮子（让我想到了小红帽的篮子），最后小宣宣穿越回去的镜头特别精彩，说是拿把钥匙插在屏幕里，屏幕突然跳到下一页，好像真的穿越回去一样。

反正她是特别特别高兴，特别特别兴奋，谢谢王老师。

——摘自外高桥保税区实验小学王老师微信朋友圈的家长留言

一、故事感染法，生动有趣

数字故事《一个老木匠的故事》

一个老木匠凭着精湛的手艺深得老板的青睐。这一年，忙碌了一辈子的木匠准备退休回家、颐养天年了，老板却很是不舍，所以，请老木匠为他盖最后一栋房子。

老木匠这次干活全然不同于以前，偷工减料、马虎了事，草草完成了老板交待的任务。

当他把这所房子交给老板时，老板说:“你为我干了一辈子的活，现在要回家去了，我也没什么可给你的，就把这栋房子送给你了，也算是给你的报答吧！”

事情的结果是老木匠始料未及的，茫然中，他似乎明白了什么……

——摘自张志宇老师的四年级主题教育课“敬我学业”

1. 故事感染法

爱听故事是孩子的天性。神话传说、寓言典故、名人趣事等富有吸引力，将抽象的道理生活化，免平铺直叙之弊，收寓教于乐之效。故事法是教育者和青少年之间进行沟通交流的一种理想的媒介和桥梁。教育者借助蕴含着深刻的人生哲理和智慧的故事，使抽象的道理具体化、形象化，让青少年在欣赏故事的同时感受到道德带来的启迪。

2. 故事感染法的作用

认知心理学家史蒂芬•平克说：“人们总是借助情境理解抽象的概念。”道理是方的，大脑是圆的，不要试图用方的东西填满圆的容器，把方的道理包装在圆的故事中，才能打动人。

（1）故事有场景性

丰满的故事之所以比干巴巴的道理更能打动人，是因为故事能驱动受众大脑的更多部分参与，通过打开右脑思维模式，用叙述的方式影响人。

（2）故事有隐喻性

讲故事者可以借助故事的主人公表明立场倾向，却没有强迫听者接受的意味，把思考空间和决策的掌控感给了听者，让听者换一种方式、换一个角度重新审视所处的情境，从而作出更好的决策。

（3）故事有美学性

从美学角度来看，“故事”是一种较好的教育形式，符合学生的心理需求，受学生的欢迎，遵循了以“人”为本的教育理念，凸显了人性的特点。

（4）故事有哲学性

从哲学的角度来看，德育活动以学生的内因为结合点，用“故事”的形式，更接地气。

（5）故事有文学性

从文学的角度来看，故事的文学样式，用文字的形式传递道，以文载道，文道相促，富有感染力，提升了教育的效果。

3. 故事感染法的要点

（1）选材要突出一个“准”字

选取的故事要紧扣主题，符合学生的年龄特征、心理特点和理解能力，富有教育意义、思想健康、观点正确、语言规范。

（2）内容要突出一个“新”字

一些老的故事尽管其中的寓意比较深刻，但是如果过多使用，学生就不会感兴趣，甚至产生反感。

（3）情节要突出一个“奇”字

故事情节要有曲折、有悬念，奇而不怪，也不能为了情节的离奇而胡编乱造。

（4）数量要突出一个“精”字

一节课中选取的故事不是越多越好。要精选几个寓意深刻的故事，重点引导学生进行讨论分析，让学生真正明白其中的道理，做到一课一得。

（5）改编要突出一个“巧”字

有时，故事比较长时，可以从中选择一个切合教育主题的片段，当故事不符合主题需要时，可以根据需要新编和改编，力求针对性。

二、讨论交流法，思辨明理

学生分成四组，观看短剧，然后，分组讨论，为剧中的主人公涵涵分析、解决问题，小组长记录讨论结果。

（1）设想你是涵涵，谈谈你的感受，你最需要什么。

（2）设想你是涵涵，不愿意得到怎样的待遇。

（3）假设你是小煜、瑶瑶和敏敏会怎样做？

（4）我是以对方期望的方式对待他吗？如果不是，我该怎么做？

（5）总结“换位思考四部曲”：

第一步：如果我是他，我需要的是……

第二步：如果我是他，我不希望的是……

第三步：我原来的做法是……这是否是他期望的方式？

第四步：我可以尝试的，他期望的方式是……

——摘自徐留芳老师的三年级主题教育课“如果我是”

1. 讨论交流法

讨论交流法是指在教师的组织引导下，围绕一个共同的话题各抒己见，并听取他人的意见，了解各自观点的异同，进行深入的探讨，从多个角度思考问

题并形成准确选择的一种方法。讨论交流是主题教育课的教学策略之一。讨论交流法让每个学生都有思考权、发言权，彼此是平等的，通过和谐、宽松的交流来启发学生，突出学生的主体作用。

2. 讨论交流法的作用

心理研究表明：不同个体思维的角度不同，这就决定了人与人之间的思维有着较大的互补性。由此可见，在人的情感态度价值观的完善过程中，不仅需要独立思考，也需要合作交流。英国作家萧伯纳曾形象地说："如果你有一个苹果，我有一个苹果，彼此交换，那么每人只有一个苹果；如果你有一种思想，我有一种思想，彼此交换，那么每人就有两种甚至多于两种思想。"

3. 讨论交流法的要点

（1）讨论交流法的分组形式

① 小组讨论

通常的做法是针对某一问题，把全班学生分为 4 ~ 8 人的若干小组，学生轮流发言，然后形成小组意见，并推出小组代表报告小组意见，其他学生给予补充，最后由班主任总结。小组成员可以根据教育目标，围绕有争议的中心论题进行自由式讨论。

② 结对讨论

这里指相邻的两个学生就某个指定的问题进行讨论，得出结论，然后再同相邻的另一对同学进行讨论，形成四个人的意见。依此类推，可以形成更多人的意见。这种讨论方法的好处是每个学生都有发言机会，有助于提高个人见解。

③ 正反辩论

把班级学生分成两组，就一个讨论话题分成正反两方，意见对立，对有争议的问题展开针锋相对的辩论。这需要班主任有一定的组织能力，既要防止偏激言论，也不能过多地束缚学生。

（2）讨论交流法的三个环节：

① 讨论前要有准备

首先要选好论题。论题要有代表性，要求要具体，符合学生实际，有层次感。论题难度适中，适合不同层次学生的认知水平，并且能够在讨论中完成主题教育。论题小而精，不要大而全；易于联系实际，力戒"空对空"。并且要做好小组长的培养，使组长懂得如何主持指导同学紧扣话题进行讨论，须注意讨论的实效。

② 讨论中要有引导

首先，教师要承担起组织、协调工作。要善于设置对立面，有意设立逆命题，

让学生思考；归纳出几种不同见解，让学生比较鉴别，教师要耐心辅导，因势利导，调动讨论者的积极性，形成民主的磋商气氛，让大家都发表见解，把讨论引向深入。当讨论中出现议题偏移，自相矛盾时，教师要及时指出，在学生的讨论不能深入的情况下，教师要起到点拨引导的作用。讨论中，让发现问题的学生提出问题，然后由该学生充当“小老师”，指定其他学生回答，这种做法能极大地激发学生的主观能动性。

③ 讨论后要有总结

对学生的讨论、发言作出实事求是的评价，对讨论的问题应表明自己的观点，要充分肯定有创造性的见解或联系实际较好的发言。对讨论中提出的不正确观点，要给予客观的评析，使学生心悦诚服，从而提高他们的认识水平，使他们形成正确的情感、态度、价值观。总结时要突出重点、表达规范、言简意赅，起到画龙点睛的作用，使学生听了后对本堂课有一个系统全面的了解，对老师的总结点拨有豁然开朗的感觉，这样的讨论才会深受学生的喜爱。

三、榜样示范法，典型引路

同学们，每个人都有自己的偶像，他们是我们心中永不熄灭的灯塔、永不陨落的星星。有的同学崇拜自己的父母，有的同学崇拜比尔•盖茨、马云，有的同学崇拜周杰伦、贾斯丁•比伯……老师也不例外，也有自己的偶像，看，我的偶像就是他——钟杨。

播放钟杨教授自我介绍视频：我是钟杨，一名工作在青藏高原的生物学家，一名来自上海的援藏教师。我坚信，一个基因可以为一个国家带来希望，一粒种子可以造福万千苍生。我这十三年在西藏干了三件事：为国家和上海的种子库收集了上千种植物的四千万颗种子，它们可以储存上百年；培养了一批藏族科研人才，我培养的第一个藏族植物学博士，已经成为了教授；为西藏大学申请到第一个生态学博士点，第一个国家自然科学基金项目。我希望，打造一种高端人才培养的援藏新模式。

——摘自邵如洁老师的六年级主题教育课“敬业者最可爱”

1. 榜样示范法

榜样示范法是指在主题教育课中，通过优秀典型人物（包括学生、教师自身和其他人物）的示范，影响学生，给学生树立榜样来达到主题教育的目的。

2. 榜样示范法的作用

"榜样的力量是无穷的"，榜样示范具有生动易学的特点，它把教育要求、教育目标具体化、人格化，让学生了解榜样人物的行为、思想，让学生在感受、比较和分析中确立自己的心理意向，榜样的示范作用为学生提供发展的导向，使主题教育更有吸引力、和感染力。

3. 榜样示范法的要点

(1) 找榜样

优先考虑生活在学生周围的榜样，寻找最有感召力的、最具教育价值的榜样，和学生联系最密切的榜样，联系点越多，越紧密，学生就越容易接受，越容易学习。让学生看到榜样就在身边，有亲近感，听之入耳、学之入脑、行之有谱。

(2) 说榜样

在主题教育课中，教师要抓住榜样身上和教育目标有关的特质，充分发挥榜样示范作用为主题教育的目标服务。展示的形式越具体越好。

(3) 学榜样

学生通过交流分享各自的榜样，取长补短，共同达到深层次的感悟，将思想化为行动。

四、视听调动法，激发共鸣

我们班的同学个个都非常有爱心，能善待自己的宠物。可是，并不是所有的宠物都有一个像你们一样的主人，请听故事《丢丢流浪记》，说一说，丢丢遇到了或者看到了什么？

播放录音：《"丢丢"流浪记》

(1) 汪汪，我叫"丢丢"，我曾经是"爸爸妈妈"的宝贝，有好吃的好穿的，还带我到处玩。可是自从他们生了小宝宝，就不再爱我了，还怕我影响小宝宝的健康，就把我丢在这个陌生的地方。呜呜！我又怕又饿，整整一天没有找到吃的了。"你们能给我一点吃的吗？"

"我们自己都不够吃，哪能分给你吃！"

(2)"嗨，小泰迪，你怎么只有三条腿了呀？"

"我去找吃的，结果被人打断了一条腿。"

"可怜的小泰迪，这太可怕了。"

(3)"伙伴们，你们怎么啦？要去哪里呀？"

"我们被狗贩子抓住了，会被卖到小饭店，成为餐桌上的美食！"

“我想办法救你们！”

“你有什么办法呀！你还是快点逃命吧！”

“看你往哪里逃？”丢丢看到一群狗贩子们拼命追赶一条逃命的狗，路边还有一些被他们打晕了的狗。

“人类真是太残忍了！”“丢丢”没有办法帮助被抓的狗狗们，只得逃离了这个可怕的地方。

几天后，“丢丢”早已面目全非，它又脏又臭，又瘦又难看，没有了往日可爱的模样。

“我想有个家，其实我只需要一碗干净的水，一点干净的食物，一个能遮风避雨的地方就够了，真的！谁能帮帮我？”

——摘自姜霜老师的四年级主题教育课“‘丢丢’回家”

1．视听调动法

17 世纪的捷克教育家夸美纽斯认为，“事物先于文学”，提倡器官教程，充分利用视觉、听觉、味觉、嗅觉与触觉的功能。视听法运用画面、色彩、声音、蒙太奇等表现手段，通过视觉造型直接作用于人的感官，具有极强的视听性和逼真性，能使学生在轻松愉快的审美氛围中达到心灵的共鸣与震撼、情感的宣泄与交流。

2．视听调动法的作用

（1）课堂更具趣味性

由于视听媒体对教学内容的表达有相当的“宽容性”和“自由度”，可依据教学材料的抽象程度制作成不同的形式，它比教师的口授更为广阔形象，使学生保持集中旺盛的精力，激发学生的求知欲望、吸引注意力、提高思维能力，使其贯穿于整个学习中。

（2）缩短教学时间，提高教学效率

视听媒体更多地克服了人为的干扰因素，使呈现的信息有很高的“清晰度”，信息的传输是在教育者预先精心设计下，融会了教育者的教育意图和智慧。在短时间内，大量的信息内容在教师的引导下，被学生乐意地接受，从而提高了教育实效。

3．视听调动法的特点

（1）时尚感

现代多媒体教育手段新颖，集图像、文字、声音于一体，可创设醒目、悦耳、

动心的教育情境，使学生产生如见其人、如闻其声、身临其境的感受，更能让学生体会到新时期主题教育课与时俱进的时代感和生活气息，这无疑会激发学生的主动参与欲望。

（2）形象化

教学中运用富有直观性的多媒体有助于化难为易、化乏为趣，来吸引学生的注意力，必将大大提高课堂教育实效。

（3）大容量

运用网络或多媒体手段能节约时间，增加教育容量，还可利用音乐、录像、图片等新形式来创设情境，全面调动学生的听觉、视觉等感觉器官，使学生学到更多的知识。

五、角色演绎法：角色演绎，换位共情

师：有个小朋友，名字叫莫小西，可是人家都爱叫他磨唧唧，我们一起到他家里去看看，他早上6:30—7:30这一个小时在干什么，好不好？嘘，脚步轻一点，悄悄到他家门口，然后进入他的家，看磨唧唧到底在干什么呢？

（师顺势坐在事先准备好的课桌前趴下睡觉，进入磨唧唧角色，即兴表演“磨唧唧的早上”。睡懒觉、穿衣服慢、吃早饭挑食、上学迟到……）

妈妈买的新被子，真暖和，真舒服！（丁零零，丁零零）嗯……妈妈，几点了呀？才6:30呀，早着呢，让我再睡一会儿！嗯……（翻来覆去不肯起床）哎哟，妈妈！（忙起身）知道了，起床起床！（摸摸脑袋无奈的样子）妈妈，我的衣服呢？妈妈，你帮我穿，帮我穿！（做穿衣服的样子）哦，洗脸、刷牙，妈妈，毛巾快帮我拿来，帮我擦。妈妈，早饭呢？（再次坐下做吃早饭的样子）吃早饭啊，嗯，这个不是很爱吃（墨迹墨迹吃饭的样子），哦，妈妈，别催我了，早着呢！啊，八点钟啦！哎哟，妈妈，来不及了，书包给我，书包给我，快，送我上学去！

——摘自罗丽惠老师的一年级主题教育课“我和时间交朋友”

1．角色演绎法

将生活中的典型事例用小品、角色游戏等形式再现于课堂，让学生扮演不同的角色，亲身体验戏中人物的处境和感受，为学生的自主学习提供充分的空

间，从而加深对自己行为方式的判断，形成健康的人生观，启发学生之间建立正确的人际关系的一种方法。

2．角色演绎法的作用

角色扮演是美国精神病学家 Moreno 于 1960 年创建的一种心理咨询技术，他强调将人暂时置于他人的社会位置，并按这位置的要求处事，以增进对他人社会角色及自身角色的理解，从而有效地履行自己的角色。学生在创设的情景中通过角色互换，帮助他们将平时压抑的情绪通过表演得以释放、宣泄；也设身处地地体会到相应角色的种种内心感受，学会在人际关系中换位思考，领悟人际交往的奥秘，改善和提高人际交往能力。

3．角色演绎法的形式

角色扮演可以分为心理剧和空椅子表演等多种形式。

（1）心理剧

心理剧是通过特殊的戏剧形式，让参加者扮演某种角色，借助于某种心理冲突下的自发表演，将人际关系、心理冲突和情绪问题逐渐呈现于舞台，在班主任的间接干预和同台参演者的协助下，使心理问题得到解决的一种形式。心理剧中，学生将过去或预见的事件带到现实中来，表演自身的矛盾冲突，鼓励学生在表演中夸大表情、行为和语言。心理剧强调角色互动中的体验感悟，具有自发性和创造性。

（2）空椅子表演

让学生轮换扮演两个角色，其中一个是学生本人，另一个与之打交道的角色用空椅子代替，让学生同想象中空椅子上的人对话。这种方法适合于社交方面有困难的学生。

练习形式可以是课前编排的小品表演，也可以是课堂中的即兴表演，形式的选择可以根据表演的要求和学生的表演能力来确定。对于一些表演要求较高或者比较严肃的话题，可以采用课前录象的方法。在组织角色扮演时，要注意：表演的内容要能说明问题，能反映学生的思想，让学生有所感触；表演的要求不要太高，形式不要太复杂，不能为了表演而占用学生太多的课余时间。

六、行为训练法，动力定型

师：现在，老师要考考你们，平时还有哪些现象是注意力不集中和浪费时间的表现呢？请两名小助手上台，演几段互动小品，同学们在观看时如果发现问题，及时喊停，并说出错在哪里，应该怎样做，

我们就会按照你说的去表演。(出示几段互动小品剧本)

【互动小品】人物：A：老师　B：男生　C：女生

片段一：晨读

C（背着书包进教室，放下书包，坐在座位上）：今天要学习新课，我得把课文读得熟练一点。(拿出语文书，大声朗读课文)

B（放下书包，坐好。看了看同桌）：天天读课文，烦也烦死了。今天我带了新买的玩具，让我玩一会儿。(从书包里拿出玩具)

……

B（回到门口再走进来，放下书包，坐好)：呀，大家都在读课文了。我得快点跟上。

片段二：上课了

A正在讲课。

B正坐得端正听讲。

C（东张西望，然后用手撑着头看窗外）：今天可真冷啊，冷得我肚子都有点饿了。不知道午饭吃什么菜，最好是一块热腾腾的大排，那就好了。

……

C：呀，我怎么走神了！(重新坐端正听讲)

——摘自张志宇老师的四年级主题教育课“敬我学业”

1. 行为训练法

行为训练法是指在主题教育课中，教师有计划、有目的地引导学生训练的一种方法。

2. 行为训练法的作用

心理学认为，反复练习、训练，有利于形成“动力定型”“习惯成自然”。其中“训练”就指的是行为训练。而“动力定型”“习惯成自然”也是我们主题教育课的目标，这就意味着行为训练法在主题教育课中也是一个极其重要的教育手段。

行是知的最终目的和归宿，行为训练法虽然不是最终的行为习惯，但是触角已从知延伸到了行的近前，更接近于这个最终的目的。

3. 行为训练法的要点

（1）“知、情、意、行”是德育的基本要素，而“行”是德育的出发点，也是归宿。主题教育课的行为训练应该做到具体化、规范化。

（2）行为训练的步骤：第一步，发现问题，及时喊停，两名同学当场表演小品，其他同学如果发现问题可以及时喊停。第二步，画面定格，作出判断，小演员们顿时停止动作，进入定格状态，喊停的孩子发言，说说错在哪里、正确的做法是什么。第三步，倒带重来，正确导行，学生一起大喊：“倒带！”小演员回到初始状态，按照正确做法重新表演。

（3）错误的反应不应强化。应指导学生运用正确的行为方式。

（4）评价和反馈要及时，并且要遵从特定的、客观的定义和标准来进行评价。

七、任务导学法，探究学习

任务单搭建起学习支架，如同导游带领学生遨游知识的海洋，在探究中增长才干。“小硬币，大学问”设计了8张个性化学习任务单，并辅以不同的探究材料，由各组随机抽取进行学习。第一组是2枚1元硬币，探究重点是“硬币发行年份不同”；第二组都是分币，探究重点是“大小不同或是面值不同”；第三组是5角和1角硬币，探究重点是“颜色不同”；第四组是5角和1元硬币，探究重点是“侧面或是边沿不同”；第五组是分、角、元硬币，探究重点是“单位不同或是面额不同”；第六组是第四版1角、5角、1元硬币，探究重点是“图案不同”；第七组是2枚不同版本的5角硬币，探究重点是“图案不同”；第八组是5分、5角、1元硬币，探究重点是“重量不同，材料不同”。在任务单的引导下，学生通过小组探究合作的方式，对不同的硬币进行观察对比，自主学习，发现小硬币蕴藏着的大学问（大小、材质、颜色、面额、年份、边沿、图案的差异），随后由学生自己贴板书，有效达成教育目的。

——摘自杨玲玲老师的五年级主题教育课“小硬币，大学问”

1. 任务导学法

任务导学法指以“任务单”为媒介，引导学生在活动中自主、合作学习，实现教育目标的一种方法。

2. 任务导学法的作用

“任务导学法”重在“动”，“动”是课堂教学的灵魂。通过学生的“动”

使课堂“活”起来，让学生在活动中求得真知。在教育过程中，根据任务单设计的步骤，引导学生自己完成探究，生成知识，形成知识网络，提高能力，真正做到由感受到感知再到感情。

“任务导学法”特别注重“任务单”的设计，它是“导学”的方案，学生在“任务单”的引导下知道自己该做什么、怎么做，然后按照一定的次序完成各个活动。“任务单导学”过程中，教师以“创设情境—巡视指导—评价追问—总结评定”体现教师的主导作用，学生以“明确目标—自主活动展示—组内交流—反馈检测”体现学生的主体地位，加强师生之间、生生之间的互动。

3.“任务导学法”的要点

(1) 合理分组，加强团队建设

按照学生的知识基础、兴趣爱好、性别差异等优化组合成若干小组，让每个学生在小组中找到自己的位置，加强对组长的培养。此项工作是开展“任务导学法”的前提和基础。

(2) 以“单”导学，注重任务活动程序设计

“任务导学法”的关键因素包括：优秀的活动程序设计即任务单、高效的合作学习形式。要尊重学生的个体差异，给每一个学生提供表现的机会。通过任务单的引导，使学生懂得自己该做什么，怎么做，增强目标意识，找出自己存在的问题。

在活动之前，教师要创设好教学情境，使学生对学习的内容产生兴趣，形成探究驱动力。在教师的指导下，根据活动方案，各小组进行交流讨论，群策群力，把问题挖深掘透，再分组讨论，各小组交流、展示自主学习的结果，提出小组疑问，学生自由发言，教师适时点评，解答学生不能厘清的核心问题，最后进行反思总结，反馈检测。

八、实践体验法，实践体悟

师：同学们，如果有人眼睛弱视或失明，他们的生活会是什么样呢？今天在这里做两个小实验，请一名同学戴上眼罩，模拟盲人，分别来体验一下，一个体验是拿作业；一个体验是喝水。谁愿意来试试？

(PPT出示游戏方法：拿作业——眼罩略微透光，形成弱视感觉，其中一名同学戴上，两名同学同时、同地出发到讲台拿自己的作业本，讲台上准备若干本不同姓名的作业本；喝水——眼罩不透光，其中一

名同学戴上，两名同学同时分别拿起自己桌上的水杯喝水。）

——摘自闵娟老师的三年级主题教育课“护眼，我们一起行动”

1. 实践体验法

体验法是以促进学生的“发现学习”为主的一种教学方式，是引导学生在实践中体验生活，感悟人生，通过爱憎苦乐、成败得失、是非善恶、各种人事的经历和体验，实现知、情、意、行的和谐发展，这是对“灌输型”“管教型”教育模式的变革，是学生主体地位的回归。

2. 体验法的作用

（1）强调身体力行

学习不仅要用脑子思考，还要用眼睛看，用耳朵听，用嘴巴说，用手操作，即要亲身去感悟。这不仅是理解知识的需要，更是激发生命的活力。

（2）重视直接经验

教师要把学生的知识、实际经验、生活内容作为重要的课程资源。尊重“儿童文化”，发掘“童心”“童趣”的课程资源。从教学角度讲，就是要激励学生对教科书的自我解读、自我理解，尊重学生的个人感受和独特见解，使学习成为一个富有个性的过程。从学习角度来说，就是要把直接经验、作为学习的重要目的，间接经验、转化为直接经验，成为提高学生素质的有机组成部分。

3. 实践体验法的要点

（1）注重自主建构

体验，即以身体之、以心验之，是主题内在的知情意行的亲历、体认与验证。纸上得来终觉浅，心中悟出始知深。真正的教育不是“告诉”，有意义的知识无法由教师手把手地教给学生，而只能通过学生的学习体验而自主建构。

（2）注重亲身参与

体验学习是连接学生生活的桥梁，也是连接教与学的中介。如果只是一味地传授、讲解，学生没有作为学习的主体参与其中，教育效果可想而知。班主任创设的体验情境，可以引导学生入情入境，体情悟理，从而形成正确的价值观，达成教育目标。实践体验法是重视教育主体的直接经验，强调让学生亲历各种实践活动，通过体验促进自身感悟的生成，促进道德知识的内化，促进良好道德行为的养成。

（3）注重分享交流

设计学生之间分享体验、集体评价和价值引领的活动环节。在活动中，每个成员都会产生不同的感受，甚至是消极的，通过交流分享彼此的感受，即可丰富每个成员的经历和体验，又能及时引领集体建构更积极的价值共识。在价值引领中，不是光通过说教，而应巧妙地利用活动中的资源（如学生榜样、师生经验等）进行无痕的引领。

（4）注重情境创设

体验是以情境为依托的。体验法的关键是创设具体的道德情景，引导学生在情境中自主体验，只有在感人的情境中，让学生形成身临其境的主观感受，加深情感体验，得到理性感悟，才能生成和巩固德性，形成正确的人生观、价值观。

九、游戏互动法，参与感悟

1. 师（身穿冰雪女王服装、手拿魔法棒）：小朋友们，你们好！你们认识我吗？

2. 生：冰雪女王。

3. 师：对！我是你们非常熟悉的爱莎冰雪女王，今天爱莎女王要带领你们到魔法城堡去做游戏，开心吗？

4. 师：先跟着爱莎姐姐来玩个“捞小鱼”的游戏吧！游戏的规则是：选两个同学面对面站好，两手相对撑起，像架起一张渔网，其他同学排好队伍从手下钻过，边钻边说：“一网不捞鱼，二网下小雨，三网捞到一条小（　）鱼。”捞到穿什么颜色衣服的小鱼就说小（　）鱼。

5. 师：同时看清楚我手里的魔法棒：看到魔法棒一挥，听到爱莎说：“呼啦——呼啦——开花啦！”同学们就要迅速回到座位。

6. 师：那么就跟着爱莎一起走进游戏王国，看一看还有哪些有趣的游戏呢？

7. 师：在每个小组的桌上有几台 ipad，两人一组，我们先来了解一下进入和退出游戏的步骤。

——摘自顾燕萍老师的二年级主题教育课“诚信守规 VS 快乐游戏”

1. 游戏互动法

游戏互动法是班主任依据教育内容和学生的年龄特点，把教育目标及内容寓于学生乐于接受的游戏活动中，使学生在参与中获得相应的体验、获得一定的道德引领的一种教育方法，这也是激活学生参与热情、融洽课堂气氛的有效手段。

2. 游戏互动法的作用

教育家陈鹤琴说:“学生生来是好动的,是以游戏为生命的。”确实,游戏对于学生来说犹如生命那么重要,游戏是他们生活中最基本、最喜爱的活动。在学生的成长过程中,游戏起着极为重要的作用。在游戏过程中,班级团体会形成大家认可的各种规则、契约,这种不成文的规则、契约,约束、规范着学生的活动。

3. 游戏互动法的要点

(1)游戏具有虚构性

学生对游戏中的喜笑怒骂都不会太在意,参与者可以摘掉面具放松自己。

(2)游戏具有平等性

学生无论平时学习成绩优劣,只要一起参与,遵守游戏规则,都能够得到同伴的尊重,取得信任,共同分享快乐。

(3)游戏具有社会性

游戏的组成是团体形态,因此,也要求班级成员共同协作、配合。

(4)游戏的趣味性

游戏能促进学生的身心健康,也能陶冶他们的情操。

十、案例分析法,学以致用

师:去年,上海面向全市少先队员做了个小调查,关于“2017年的十大感受”,排位第一的是李卓悦的故事。下面,请两名同学来扮演李同学和他的外婆,我们一起走进“外婆的空箱子”的故事。

出发前

李同学:外婆,你带那么大一个空箱子去马来西亚做什么?

外婆:那当然是去买买买啦!外婆我难得出趟国门,我也要去血拼一次!

回国前

李同学:咦,外婆,为什么你的这个旅行箱还是空的?你没有买到东西吗?

外婆:我去马来西亚的商场看了看,大多数东西我们国内就有,而且我看到很多商品上写着“made in China”。你外婆虽然年纪大了,

但是这个英文我懂，意思就是“中国制造”。既然如此，我就没必要买啦！

李同学：哦，难怪你的旅行箱还是空的呢！

师：同学们，你们在国外有没有遇到过跟李卓悦外婆相似的经历？

（生交流）

师：同学们在世界各地都遇到过“made in China”，你们觉得这意味着什么？

（生交流）

师：李同学的爸爸这样说道，同学们，我们一起来读。

生：这是因为习主席提出的“一带一路”的倡议促进了我国的对外贸易。Made in China 现在遍布全球。我们要为外婆的空箱子而自豪，为我们国家的发展而骄傲！

——摘自马雯晔老师的四年级主题教育课“厉害了！中国制造”

1. 案例分析法

案例分析法是指在主题教育课中，把学生已经或可能出现的问题为例，交给学生研究分析，从而培养学生的分析、判断能力，解决问题及执行能力的方法。

2. 案例分析法的作用

案例是具有共性的，是学生亲身体验过、听说过或是发生在学生们周边的人或事，案例分析法比单纯的说教更生动形象，更易于理解和接受。

引用真实案例（隐去个人信息）是主题教育课中常用的方法。学生在阅读和讨论每一个真实案例时，不但感到亲切熟悉，也会结合自身进行对照，遇到相似情景时能有效地处理。因此，把身边的案例引入自我教育的课堂，能让学生引以为戒并学以致用。

3. 案例分析法的要点

（1）指向明确

选取的案例要主题明确，要有针对性，要与教育内容紧密配合，要抓住问题症结。

（2）形式生动

案例的呈现形式要有所变化，常用的有视频、图片、讲故事、看录像、阅读材料等，也可以采用边介绍案例边分析问题的方法逐层深入，关键要能激起学生的关注。

（3）举一反三

通过分组讨论，找出不足之处，以及解决问题的各种方法。教师须整理和总结，或评价，或点拨，或提示，或充实。

十一、情景模拟法，身临其境

师：为什么会出现这样的情况？事情的真相到底怎样呢？让我们继续小剧场的表演。

旁白：面对这样的情况，狄大人也是一头雾水。正在此时，元芳风尘仆仆地推门而入。

狄仁杰：元芳，你来得正好！苹果手机输入“击沉”后，果真会出现“中国”字样，你怎么看？

元芳：大人，我正想汇报此事。这件事情与用户的搜索习惯和网络热词有关。

狄仁杰：哦？此话怎讲？

元芳：2016 年 3 月 14 日，中国一艘远洋渔船在阿根廷水域因涉嫌“非法”捕鱼而遭到对方海岸警卫队开火击沉。因此在“阿根廷击沉中国渔船”这一热点事件之后，智能系统就把“击沉中国”这一热词推向了联想区。苹果输入法就认为这两个词的关联性很大，所以在有人输入击沉后，会把中国两个字推荐出来！而在新版本的苹果手机中，由于系统和输入法更新则没有了这样的情况。

狄仁杰：原来如此。那不妨来验证一下。

实践验证，请一同学上台来当场验证。经验证，在 iphone6s 手机上输入“击沉”两字后，不会联想出“中国”两字。

——摘自陈豫老师的七年级主题教育课“谣言，你怎么看”

1. 情景模拟法

情景模拟法是指借助电脑多媒体，通过录像、照片、动画、声音等方式巧妙设置情境，营造情景交融的氛围，是一种有形与无形结合的“教学情意场”，使学生“触景生情”，自然而然、潜移默化地接受教育。

2. 情景模拟法的作用

（1）感染和移情

学生品德的形成和社会性发展源于他们对生活的认知、体验和感悟，没有情境式的品德学习既难以激发学生的学习兴趣，也难以促进学生的道德认知和行为内化。因此，在设计中，尽可能联系实际，充分运用故事、多媒体等手段创设贴近学生生活的情境，利用情境的感染和移情作用，促进学生主动参与。

（2）检测和提升

教师创设问题情境，通过对特定情境的判断、讨论和处理来检测、提升学生的认知水准，激起学生认识、分析和解决问题的欲望，点燃学生好奇之火，激发学生发现问题的快乐，解决问题的喜悦。

3．情景模拟法的要点

（1）创设的情景应贴近学生实际经历；

（2）创设的情景应激发学生学习兴趣；

（3）创设的情景应具有体现教育主题的价值；

（4）创设的情景应能够引发学生的思考和探究。

与古代打仗类似，选择主题要师出有名，确定了形式则进入决定战略战术、调兵遣将的关键阶段。“人靠衣装马靠鞍”，好的主题和内容需要用适当的形式表达出来，形式与内容协调统一，为主题服务，合适的形式往往能够为主题教育增色。能吸引眼球的课堂，绝不是平铺直叙的。好的形式不仅能帮助学生理解、掌握所学知识，而且能给人灵魂的触动，这正是教育的魅力所在。对于学生来说，抽象的、深奥的内容，理解和感受都存在难度，那么，创新活动就显得格外重要了。要依据学生年龄特点选择有趣生动的形式：通过小调查、小诗歌、小游戏来热身，用小问题、小视频、小故事来导入，借助情景讨论、搜集小数据、分享小窍门、引用小条例、实践小行动等环节引导学生在认知冲突和思想对话中去体验，在分析问题中寻找触发点，在矛盾冲突中辨析世界观，在行为指导中践行价值观，通过创新活动，引导学生从道德认知转向行为实践。活动的创新空间极大，往往带着教师自身的风格，而素质教育的发力点就在于活动形式，班主任须根据实际情况量身定做活动形式，启发学生更深层次的认知。

互惠共生：运作系统的核心要义

实施阶段——处理关系　落地开花

任何事物都有其自身的发展过程，主题教育课从设计到实施也必须通过一个特定的流程，我们把其称作主题教育课的运作系统。以铃声为界，可分为三个阶段：准备阶段、实施阶段和延伸阶段。上课铃声前为准备阶段，下课铃声后为延伸阶段，两次铃声之间是实施阶段。准备阶段如同花蕾的孕育成长，实施阶段如同花朵绽放盛开，延伸阶段如同果熟蒂落，各有侧重。

在这个运作系统中，各个阶段都是为同一个目标服务的，但实施重点有一定差异，如下图所示。

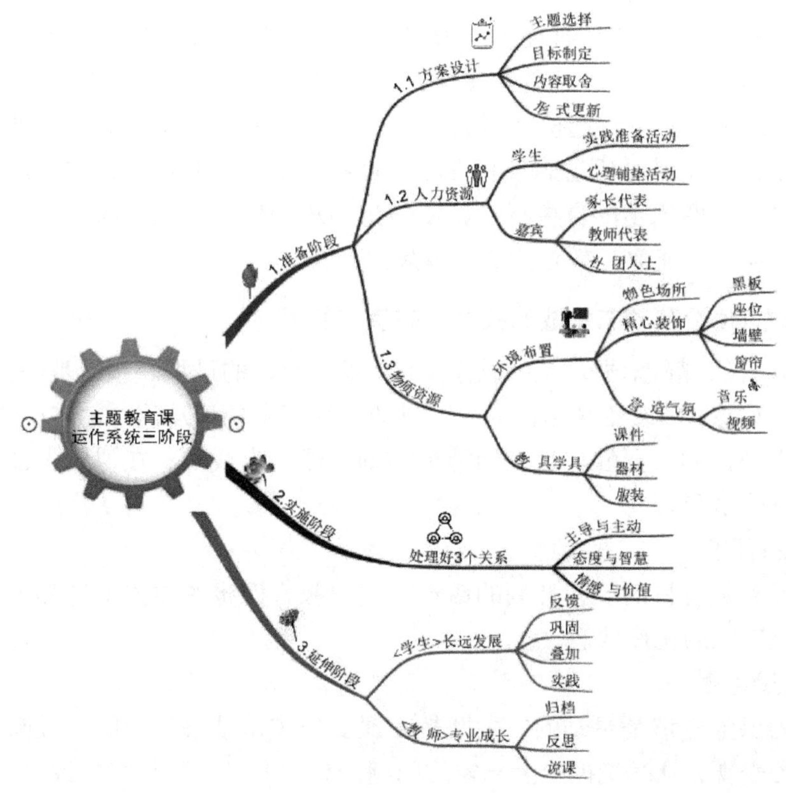

——摘自笔者的教研笔记

古语云：谋定而后动。准备工作就绪后，主题教育课就可以开展实施了，实施阶段要处理好几个关系。

一、教育主体和学习主体的关系：主导与主动

主体是相对客体而言的，通常指人、个体、自身。就活动本身而论，参与活动的老师和学生都是主体，地位是平等的。但两者的主体性又有所不同，分别充当着教育主体和学习主体的角色。

1. 班主任是教育主体

班主任要把握好角色行为的自我设计。活动前，班主任是组织者，其主体性的发挥体现在确定活动目标、内容并选择合适的方法；活动中，班主任是平等的参与者、促进者、引领者，班主任的角色应服从于教育情境的创设和优化，而不是游离于教育情境之外，更不应凌驾于教育情境之上。班主任要善于观察、因势利导、及时引领，生成更丰富、更深刻的教育情境。

2. 学生是学习主体

苏霍姆林斯基说："只有能够激发学生进行自我教育的教育，才是真正的教育。"从学习方面说，学生是主体，在老师的引导下表现出自主性、能动性，并通过自己的独立思考、选择与创造，将老师的引导、诠释、点拨等加以内化，彰显其主体性，实现对活动的自我支配、自我调节和自我控制，进而成为真正的主人。只有强调学生的自主行动，使学生的思想处于积极活跃的状态，主动参与各种活动，才能取得教育的实际效果。

二、静态预设和动态生成的关系：态度与智慧

活动是一个"静态预设"与"动态生成"辩证统一的过程。预设是一种构思，生成是一种智慧；预设需简约，生成则灵动。强调主题活动的"动态生成"，并不否定静态预设的必要性，敏锐地捕捉不期而遇的生成点，在课堂上经常会生成不曾预料的精彩。

1. 静态预设

主题教育是有目的、有计划的活动，主题教育课也需要提前计划安排，防止出现漫无边际的无序状态。

2. 动态生成

良好的课堂应该是灵动的，主题教育课更应该是动态生成的。教师要善于根据学生的表现，及时把握学生暴露的问题。如"向'校园欺凌'说'不'"一课中，在讨论"你身边有没有欺凌"的话题时，一男生说，"我们班女生很暴

力”，当时大部分男生还随声附和。这时老师应马上追问，了解当时的具体情况。通过学生的表述，来界定校园欺凌与开玩笑的区别，分清界限，维护和谐的班级氛围，可惜教师忽略了这个鲜活的教育机会。课堂上一旦出现“不速之客”，教师应舍得放弃自己的活动预设，及时抓住课堂生成问题调整预设的活动环节，多问一个“为什么”，给生成腾出空间，让教育活动灵动起来。

三、情感体验与价值引领的关系：情感与价值

主题教育课不仅要使学生产生必要的情感体验，更要重视价值引领。在个体思想品德和道德行为的形成发展中，外部的价值引导是必不可少的。

1. 情感体验

脱离情感的教育往往是苍白的。教师在学生面前要开放自己，亲身经历的事，教师在讲述的时候会更真实、更具有情感体验，这种强烈的情感包含着一定的价值观，以情感为载体传递给学生，就更容易感染、打动学生。

2. 价值引领

事实证明，学生从教育活动中获得的各种体验，能入脑入心，珍藏久远，对学生的成长与发展起到巨大的导引作用。体验是学生道德生成的基本方法。因此，主题教育课要尽量让学生的每一点认识都从丰富鲜活的体验中产生，让学生在体验中选择新颖的观念来丰富精神世界，抵制消极因素，并最终实现教育素材的内化和道德情感的升华。

课前课后——前伸后延 长程育人

一、准备阶段：课前操作策略

古人云："凡事预则立，不预则废。"不打无准备之仗。若要备好一堂主题教育课，除了精心设计活动方案，还要做好一系列的准备工作，可以从硬件和软件两个方面着手，对课堂上的每一个细节都应予以考虑，这是教育成功与否的关键。

（一）方案设计的格式

主 题

【活动对象】
【活动背景】
【活动目标】
【活动重点与难点】
【活动准备】
【活动过程】
【板书设计】
【设计意图】或【课后反思】

（二）人力资源

1. 学生

可以从"实践准备阶段"和"心理铺垫阶段"两个相辅相成、逐渐递进的层次着手准备。

（1）实践准备活动

主题教育课"父母的爱"实施前，设计四项"感恩教育"系列活动：①寻找自己从出生到现在，不同时期的照片，以及自己小时候用过的物品，听爸爸妈妈讲小时候的故事。②为父母倒一杯茶，削一个苹果，与父母亲一起观看自己儿时的照片，说说自己的心情和感受；③给父

母各洗一次脚，并用照相机或DV拍下这难忘的一幕；④ 填写感恩教育学生问卷和感恩教育家长问卷。

活动之前要进行几次实践行为，让学生从中体验、感悟，在此基础上召开的主题教育课，学生才能有话可说、有事能做。

（2）心理铺垫

活动开始之前，要充分了解学生的情况，特别是思想状况，对全班同学做好相应的心理调整，使学生精神饱满而不过于紧张，群情振奋而不流于浮躁，营造良好的心理氛围。也可采用暖身预热方法，调动学生参与活动的积极性。

2. 嘉宾

温馨、和谐的校园，应该与社会、家庭相融合，家长、社区和社会都是教育的资源。主题教育课也可以借力，通过邀请嘉宾的方式为课堂增加砝码。

（1）邀请家长代表

杨玲玲老师执教的小学四年级主题教育课“小调查　大梦想”邀请了学生沈筠妍的爸爸来现身说法，沈爸爸激动地分享了自己的逐梦之旅：

2000年，我中专毕业来到厦门太古飞机工程有限公司，能进入梦寐以求的公司我很高兴。在这家公司的前几年里，我是一名仓库管理员，凭借着对机务的热情和自己心中的梦想，在一次公司内部招聘中成为一名机务技术员。经过几年的学习、培训、实践、锻炼，我通过了严苛的执照考试，最终成为一名专业的持牌技术员。

2012年，我来到浦东国际机场上海波音公司成为一名飞机修理师，每天跟大飞机打交道，修理维护着各式各样的飞机，非常有成就感。可遗憾的是没有我国自主研制的飞机。我一直在想，何时我们能有自己的大飞机呀！

得知祝桥建立大飞机总装基地时，我心情格外激动。我们国家将要拥有自己的大飞机了。作为一名飞机修理师，我愿意到大飞机总装基地去工作，为我国的大飞机事业尽自己的一份力量。同时也希望在座的同学们能接过我们手中的接力棒，有更多的同学也能加入大飞机总装基地的队伍。我们一起努力，一起加油！

家庭是学校重要的合作伙伴，是不可忽视的资源，拥有其他资源不可替代的地位。要充分利用好家长的资源，诸如人脉资源、知识资源、信息资源、条件资源等，形成德育的最大合力，早已成为大家的一种共识。家长的职业涉及社会的各行各业，利用家长自身的专业知识为学生“配餐”，让学生能了解社会上的三百六十行；利用他们的经验为学生介绍各种知识，让学生体会到劳动的艰辛与不易；利用他们的人生经历为学生讲述生活的甜酸苦辣，让学生感悟甜蜜的生活需要自己的努力与奋斗……家长可以到现场，也可以给孩子写信、录音频、拍视频、现场连线等方式参与活动，“编外教师”队伍——家长可以为学生带来精彩纷呈的故事，为学生补充“维生素”养料。

（2）邀请教师代表

任浩老师执教的高一主题教育课“合理上网　健康少年”中，讨论“班群被游戏霸占了，如何平衡娱乐和学习的问题”时，邀请语文教师吴威来解答学生的困惑。吴老师说：玩游戏，这是人的天性，给你一本物理书、一项物理作业和给你一个游戏，进行选择，你肯定选择游戏。因为游戏好玩、轻松，没有什么负担、闯关很刺激，寻求快乐的事是人的天性使然，但我们不可能一辈子都玩游戏，我们以后要在社会上生存，要工作就必须舍弃一部分玩乐，努力学习，克己、自律是一个人社会性的表现。

要“平衡娱乐和学习”很难，这是学生日常不易控制的事情，上帝创造了一个诱惑，今天是游戏，明天是别的什么好玩的东西，考验你的意志力、自主性，把人分成三六九等，各行其是，然后三年赛跑下来，你就发现一个问题，你想要消灭谁，必先使其疯狂，疯狂地游戏、疯狂地谈恋爱，一样的道理。

你自己选择的路，要自己去走，最后的果实，你要自己尝，如果你愿意吃甜果，要把这个 balance 处理好，如果你不计后果，那么，你就可能一路走到黑，因为没有人能够解救你，只有你自己感悟到了，才能够解救自己。

教师是行走在校园里的文化符号。从学生德性成长的角度看，教师就是他们天然的榜样、“直观的教科书”，是最丰富、最有潜力、最有生命力的教育资源，是学生品德成长中的重要人物，邀请他们针对性地谈谈对某个问题的看法，可以使学生受到更全面、更深刻的教育。

（3）邀请社区人士

建平中学高二 7 班的主题教育课“远景引领，知行合一”中，结合学校两周一次的职业生涯体验活动，邀请了“Sun coffee”的品牌

经营者孙女士讲述了她的人生经历：当年，我曾经有两个理想，一是做一家街角咖啡店的老板娘，二是当一名政治老师。结果，阴差阳错，大学读了英语系，毕业后成了一名英语教师。难道，当初的理想只能是梦想了吗？我不愿放弃。做教师的第七个年头，我荣获了上海市优秀班主任的称号，此时，我觉得在一个领域已做到了应该做的成绩了，是时候去完成当年的理想了。就这样，当教师的第八年，我又考取了华东师范大学的政治学硕士，同时开了一家咖啡馆，终于实现了这两个愿望。岁月不饶人，追梦赤子心。为了实现理想，我们不能蹉跎岁月，应该把一件工作做到极致，那么，我相信，你在其他领域也一定会获得成功。

对学生成长而言，有不少知识和技能是学校无法提供的，主题教育课也可以邀请社区离休老干部讲述革命战争年代的故事；在公益主题教育中，邀请志愿者服务的对象——特殊学校的智障儿童一起参加，邀请百老讲师团等相关人员进行专题讲座。

（三）物质资源

1. 环境布置

环境是一种无声的教育语言，教室布置是主题的外化形像，适宜的氛围会对学生产生积极的心理暗示作用，成功的主题教育课应该让每一个空间、每一块板面都成为其有机组成部分，营造与主题内容相符的氛围，催生与主题格调相适应的气势，有助于教育目的的达成。

（1）物色场所

“守时小飞机　快乐上学去”“诚信守规 VS 快乐游戏”是全员参与的游戏活动，特意安排在专用教室进行。“我和大雄学礼仪”利用多媒体新技术设计游戏活动，每个学生人手一台电脑，就将活动安排在电脑房。

主题教育课是在一定的空间里进行的，可以在教室、专用教室、体育馆、户外空地等进行。场地的选择要与活动的类型相符，以提高活动的效果。

（2）精心装饰

A. 黑板

教室里一般有前后两块黑板，前面的黑板是当场板书的主阵地，黑板的左侧有本节课学生活动的实时反馈记录，右侧是评分板块，用于记录学生上课的

成绩，中间部分是课堂内容的板书。后面的黑板安排与主题一致的专刊。前后黑板均可以成为展示主题的场所。

B. 座位

座位的编排可根据活动需要、人数多少及活动形式灵活整合，以促进学生间的有效交流为首要原则。根据活动的要求进行分组，或自由组合，或分类组合，如：按性别组合、按对某一个问题的观点、按共同的喜好组合，一切以让学生能接受为准。座位可以排列成不同的形状，如马蹄形、圆桌形、梅花形、扇形、菱形、长条形，使每个学生都能够与他人面对面地、自由地、方便地交往，从而产生良好的互动效应。

C. 墙壁

它是课堂的空间范围，可依据主题的不同，或挂图片，或贴标语，或拉彩带，对烘托主题、渲染气氛有一定作用的布置。

D. 窗帘

如果分享一些私密性的话题，如感恩内容等，可以将窗帘拉上，使学生更能真实地表达自我。

(3) 营造气氛

A. 歌曲

陈金凤老师设计的五年级主题教育课“握住他（她）的手”在悠扬的排箫音乐《天堂鸟》声中拉开序幕，柔和幽暗的灯光、低缓深情的乐声、轻轻柔柔的呼吸声，参与者很快地沉浸到体验场中，在白纸上郑重地写下生命中最重要的五个人。通过开场音乐，营造出适宜的氛围，调动学生的情绪，为活动的深入开展埋下伏笔。

歌曲是一种常见的艺术形式，是人类的财富，旋律优美的歌曲、朗朗上口、富于教育意义，是学生学习知识、表达情感的载体，是愉悦身心的有效途径。

B. 视频

选择反映与主题相关的视频，营造“有温度”的主题氛围，调节情绪，感染内心，使教室成为暖心的场所。

2. 物质准备

(1) 课件

多媒体技术使课堂变得直观可感，内容丰富、生动具体，可以充分利用多媒体技术辅助手段。万一发生媒体故障之类的事情，班主任应能游刃有余

地处置。

（2）器材

如电脑、实物投影仪、白板、粉笔、纸板，油笔、纸、音箱、话筒、录音机、乐器、条幅、奖杯奖品、道具等，发现缺少及时弥补。

（3）服装

“三毛和我学沪语”一课中，杨燕青老师精心选择了一件印有“I上海”的T恤；“悠悠茶香，浓浓茶情”一课中，丁佳慧老师的汉服为活动增添了一抹古韵；“醉旗袍”一课中，卫黎敏老师身着典雅的旗袍，款款走来，艳惊四座；“今天，你微笑了么”一课中，陆燕华老师身穿笑脸T恤，和孩子们一起舞动，在律动中传递微笑的真谛；“百年相声”一课中，陈瑞老师身穿绛色长衫，仿佛是德云社的相声演员亲临现场，他绘声绘色的单口相声表演，博得现场阵阵掌声……这些，都成了主题教育课上的锦上添花之笔。

佛靠金装、人靠衣装。仪表形象可以传递出最直接、最生动的第一信息，反映一个人的精神面貌。良好的形象就如同一支美妙的乐曲，不仅能给自己带来自信，还能给别人以审美的愉悦。借班上课时，教师可以穿上与主题相关的服饰，不仅能渲染主题，而且还能在学生尚未了解你的才华之前，就被这“第一印象”折服。

俗话说“不打无准备之仗”，活动前的准备是整个活动中重要的一环，做好周密的安排是活动的前奏曲。准备得越充分、越细致，就越能得到预期的效果。

二、延伸阶段：课后的操作策略

活动实施结束并不代表教育的终止。准备时绞尽脑汁、费足功夫，结束后完事大吉，容易出现“虎头蛇尾”的现象。一节主题教育课的作用不可能是永久性的，不能期望一劳永逸。无论同学们在课上受到多大教育，心情如何激动，如果不把这些效果落实到今后的学习和生活中去，便不能很好地巩固下来，会产生“当场激动，事后一动不动”的怪现象。

（一）学生方

1．反馈

路璐老师执教四年级主题教育课的“爱护人民币”在课后拓展阶段还用上了时髦的二维码，通过家长扫码反馈，得到第一手资料，并

利用"晓黑板"平台开展亲子互动，进一步巩固课堂所学，将课堂内容巧妙地延伸到了课外，突显信息技术的魅力和作用，发挥深层次的效应。

做好"信息反馈"。班主任要倾听学生、教师、家长的意见，通过谈话、观察、问卷调查等形式了解并掌握情况，有条件的可作测试。反馈重在收集相关信息，通过写日记、写心得体会、办黑板报、小组讨论、个别谈心等方式，了解学生的想法，观察学生的行为；并联系家长，了解学生在家里的表现，避免"时过境迁"，为后面的活动提供素材。

2. 巩固

陈金凤老师在执教四年级主题教育课"握住他（她）的手"时，发现这样一个情况：不遵守规则的小甲，写字板上只划去了爸爸，在那几道重重的、有些凌乱的划痕边上赫然用狂草写着一个"猪"字和三个惊叹号。这里一定有故事！了解到小甲的父母离异了，小甲跟着母亲过，父亲非但不负抚养责任，不来看望他，还恶言侮辱母亲的人格，给小甲的心灵留下了重创，并直接影响到小甲日常的言行举止和学习状态。据此，我们与小甲进行了对话和疏导。对他家庭的恩怨对错，我们无法评判，家庭中的风波我们也无法平息，但我们由此洞悉了小甲的心事，并联合他母亲一起解开他心中的结。之后几次遇到他，老师发现小甲的眼神变了，原本僵硬的表情显得温柔了，母亲告诉我们，现在，小甲与她的沟通多了，笑容也多了。

主题教育课并非完成时态，应该是进行时态。教育本身就是一个循序渐进、反复提高的过程，需要教育者抓住每一个契机进行长期的督促，做好"追踪教育"，做到"反复抓，抓反复"，不断巩固成果。课堂上，学生们往往会发现一些问题并产生解决问题的热情，抓住这种心理，趁学生热情高涨时，让他们制定出具体措施，并督促他们身体力行，以收到巩固和强化教育的效果，把教育引向深入，不仅使学生当下受益，还对其今后的人生观、价值观产生深远的影响。

3. 叠加

某中学以"心存感恩，成就人生"为主题的感恩教育开展得如火如荼，形成了序列。

六年级的"爱，要大声说出来"引导学生了解父母的苦心和爱心，

懂得体谅父母，多与父母交流沟通。明白生活中处处有爱，懂得在琐碎平凡中感念父母之爱，并联系自我，从生活体验中感悟父母的付出，学会报恩。

七年级的“感恩自然，给力你我他”引导学生感受自然，体会人与自然的和谐相处，懂得生活中的一切都是大自然给予的，要敬畏大自然，树立环保意识，从你我他做起。

八年级的“老师，谢谢您的爱”以“感恩老师”为主题，围绕培养学生“坦诚做事，正直做人”的优秀品质，拉近学生与老师之间的距离，创造和谐的师生关系。

九年级的“穿越时空，感恩社会”从衣食住行和学习五方面，让学生了解生活的变化，增强对祖国的崇敬之情，懂得这些变化和进步都是人类辛勤劳动创造出来的，我们在享受劳动成果的同时应该不忘先人、孝顺父母、尊敬老师，懂得在感恩社会的同时，也要承担起促进社会进步的重任，从而明白认真学习的必要性。

感恩是中华民族的传统美德，知道感恩是一个人的基本素养。感恩由心生，心知感恩，心存感恩，方能成人。该中学的“感恩系列教育”从身边的父母到学校的老师，从自然界到社会上，引导学生知恩、感恩、报恩，体会父母的养育之恩、师长的教诲之恩、自然的无私之恩和社会的关爱之恩，促使自己反思过去的行为，以达到震撼心灵、改变以往行为举止的目的。

做好“持续加温”。学生思想品德的形成与发展是长期的，是从量变到质变、不断积累和逐步提高的过程。一节课是一次独立的活动，单纯地解决某一个问题，往往会显得比较单薄，必须融入系列活动中去。一节课解决不了的问题可通过多节课来解决。同一主题可通过不同时期、不同形式、不同角度的展示，多次内化以实现稳定的外化。课程的设置要有系统性，根据活动规划逐层递进，不断加强学生对问题的理解与认识，在学生心中烙下深深的印迹。

4. 实践

邵如洁老师设计的“那年那兔”一课中，爱国主义动画只是一个引子，目的在于通过它来引导学生了解国家和民族的历史，激发学生的爱国热情。应当把这种爱国主义教育延续到学生的自主学习上去。在课后，可以通过撰写观后感、制作电子小报、手抄报等形式来加深学生对动画中呈现的历史故事的印象。还可以开设学生讲坛，请同学对相关历史做专题讲座，让他们真正走近历史，了解历史，让爱国主义教育不断深化下去。还可以通过绘制四格漫画，创作“爱国知识”宣传手册，开展街头宣传活动等形式，让学生参与爱国宣传活动，让他们成为宣传爱国主义的生力军。

做好“空间拓展”。教育家马卡连柯曾说过，在学生的思想和行为中间有一条小小的鸿沟，需要实践把这条鸿沟填满。道德品质的形成，需要在实践中不断地锤炼。完整的道德品质是由认识、情感、意志和行为共同组成的。这其中，行为是道德品质的落脚点。因此，道德品质教育不能仅仅满足于提高学生对道德品质的认识，更应当重视学生在实践中付诸行动。虽然主题教育课通过课程形式来实现教育目的，但不能仅仅局限于课堂，应最终落脚于生活中。课后，还可以借助家长资源，结合雏鹰假日活动等形式，将教育的场所从教室拓展到学生其他的生活领域，让学生更多地接触社会和了解社会，拓展实践空间。

（二）教师方

1. 归档

做好资料的归档，记录“全程行”。收集的资源不是一次活动能全部呈现和利用的，每一次活动，要记录整个活动的资料，视频、照片和文本，分门别类，整理归档，让素材资源能做到最大化的利用，既为本次课程画上一个完满的句号，也为活动反思与改进提供可参考的详实资料，更能为下一次活动作铺垫。

2. 反思

一个击剑运动员询问他的师傅：“如果按现在这种练剑方法，您认为我需要多少年可以成长为一流的击剑手？”

师傅回答：“10年。”

“那我如果用现在的两倍时间练剑，需要多少年可以成为一流的运动员？”击剑手又问。

“20年。”

“那我除了吃饭、睡觉，剩下的时间都用来练剑，这样需要多少年？”

“那你一辈子都练不成一流的击剑手。”师傅断然回答。

“为什么？”运动员大惑不解。

“因为你的两只眼睛只顾盯着前方的目标，已经没有时间留一只眼睛看自己了……”师傅一语道破天机。

故事中所说的“留一只眼睛看自己”的意思无疑就是“学会反思”。同理，主题教育课也需要教师的反思。倘若教育是段旅程，那就是我们在路上发现别致风景的眼睛。

柴雯洁老师在执教“小蒜头有讲头”一课后，写下以下文字：在互动形式上，积极性还不够活跃，可以采取小组合作的方式，让学生更有竞争性、积极性；其实，如果时间来得及，我好想从网上买来腊八蒜，让同学们直接瞧一瞧，闻一闻的，有机会让同学尝一尝；并知道蒜的生长过程，也可以自己拍个视频，用快播的方式呈现，比直接出示照片，效果应该更好；最后，可以出示一个腊八蒜的卡通形象，请同学戴个头饰，以第一人称自述的方式来说一说他的身世；板书中的关键词，可以让同学们填写。

反思就是教师把自己的课堂实践作为对象进行全面深入的研究总结，对课的目标达成度、教育效果、学生思想品德的转变情况作出分析判断，根据反馈的信息调整教育方法，并据此完善自己的发展思路。课后反思主要从以下几个方面入手。

- 成功之处：将课的整体设计、活动中达到的预期效果、引起师生共振效应的方法、随机应变的措施等详细记录下来。
- 不足原因：教育是一门遗憾的艺术。即使是成功的课堂活动也难免有疏漏失误之处，须对此系统地回顾、梳理，并深刻反思、探究和剖析，汲取经验和教训。
- 师生变化：随着活动的展开，师生间情感交流逐渐融洽，往往会激发瞬间灵感，这些“智慧的火花”常常是突然而至的，若不及时捕捉，便稍纵即逝。须及时记录师生的体验、感悟和学生的收获。
- 改进措施：在梳理成功的经验、不足的原因时，要进一步思考改进措施，写出“再教设计”，如再上这堂课，如何调整、改进，做到扬长避短、精益求精。

3．说课

说课是教师口头表述具体的教学思路及方法，也就是教师在备课的基础上，面对同行或教研人员，讲述自己的教学设计，然后由观摩者评论，提出意见，达到互相交流、共同提高的目的，是一种教学研究和师资培训的方式。说课可以分为课前说课和课后说课两种。说课，作为一种教学、教研改革的手段，有

效地调动了教师投身教育教学改革，学习教育理论，钻研课堂教学的积极性，是提高教师素质，培养造就研究型、学者型教师的途径之一。

“舌尖上的尚德”说课稿

尚德实验学校　祝东屹

一、主题酝酿，团队助力

尚德十年校庆在即，这是爱校教育的一个极好契机，如何用好 35 分钟，在“参与、体验、感悟”的主题教育课中，让学生融入校庆活动，感受校庆喜悦，找到爱班级、爱学校的集体归属感，迸发以尚德为荣、为尚德而战的团队创造力，是我和每一位班主任关注的焦点。

二、灵感捕捉，学生主体

偶然间，在尚德求学的女儿向我推荐了人人网上同学之间的留言，我发现那些从尚德毕业的学生都非常留恋在尚德的时刻，留恋尚德的每一个角落，特别怀念的是尚德的食堂，那可都是升入高等学府有了比较以后的有感而发。的确，尚德有着环境舒适、菜品丰富的一流食堂，凡是到过这里的人，都会留下深刻的印象。那些让尚德人时时刻刻怀念的舌尖上的味道，激发了我的灵感。

三、瞄准方向，立意提升

有了灵感，我就从贴近学生实际的衣食住行这个角度入手，过渡到小小的“食”，摒弃“忆过往、展未来”的传统思路，运用学生乐于接受、能够接受的形式，选择完全源于学生生活的教育内容和载体，来实现“舌尖上有味、眼中有人、心中有学校”这一高于生活、指导生活的教育目标。正是基于这样的思考，也基于校领导和姚老师的启发和帮助，便有了这堂主题教育课的不断改进。

四、磨课磨人，收获成长

第一次试教时，我把活动第一环节分成了两个部分，学生对“尚德的衣食住行的回忆和怀念”作为活动一，由此激发学生的共鸣，然后再进入活动二——“大家最感兴趣的‘食’”。上课以后，感觉“食”的部分不够凸显。

第二次教学时，借用尚德毕业生的网络日志、采访视频和尚德吧留言，我和学生们一起在悠扬的音乐中阅读、聆听尚德学长的心声，由此唤醒学生们内心的真实体验，从中感悟曾经的尚德人对母校的眷

恋，但发现还是有点迂回。

第三次试教时，把活动一和二合二为一，以“食”为主线，展示尚德毕业生的网络日志、采访视频和尚德吧留言，并播放VCR《食堂阿姨的一天》，不仅与学生们一起回顾整洁的食堂，回味香喷喷的饭菜，更要引导学生们将眼光聚焦到食堂里辛勤劳作的人，正是因为尚德人的付出，才打造出尚德与众不同的食堂。由爱尚德的食堂，爱尚德的饭菜到爱辛苦付出的尚德人，情感由表及里，激发并强化了学生心中对人的感恩、对物的珍惜。

第四次试教时，我又借用民族传统文化“报菜名”和为尚德十年校庆准备节目的活动形式，和学生们一起体会尚德食堂饭菜的丰富、卫生、营养，一起筹备尚德十岁生日贺礼，一起表达心中的美好祝愿。活动一的回忆虽然温馨，但总体感觉学生们还是游离在“述说别人的故事、分享他人的幸福”的被教育过程中，还没有充分发挥主体参与的自我教育能量。于是第一次和第二次上课时，顺序是先“报菜名”，再为尚德十岁生日晚宴送菜，在姚老师、谷校长等智囊团的帮助下，经过反复推敲，发现为尚德晚宴送上一道菜肴和祝福，与活动一的衔接更加紧密自然，更加凸显校庆这一主题，更能引导学生的内心情感从爱尚德的食堂和饭菜上升到爱母校的归属。因此，今天课堂的顺序有了调整，而最后呈现的是让学生参与“报菜名”的体验，从而进一步完成“幸福的回味—幸福的祝愿—幸福的演绎”这一参与、体验、感悟、升华之旅，也用我们师生的智慧为尚德的好日子献上了一份极具童心、童趣，而且饱含真挚情感的特殊贺礼！

主题教育课是否需要板书？这个问题让我倍感纠结。最初，我并没有运用板书，发现课堂有些单薄；第二次的课堂上，我借用了一桌菜肴的图案，设计了具有立体感的板书，由师生共同完成，加深了学生的情感体验，使课堂的呈现更加丰富而饱满。

开展主题教育课的一个重要目的是提高学生的道德品质，教会学生如何处理面对的种种社会问题，指导学生更好地适应社会、服务社会。因此，仅仅依靠课堂的35或40分钟是不够的，主题教育课可以无限地向社会生活渗透、向两端延伸，把握好课的前前后后，让课前课后活动真正落到实处，最终让学生受益终身。

向美而生：教育艺术的无限可能

先声夺人——导入技能　多维解析

高尔基谈及创作经历时曾说过："最难的是开始，就是第一句话，如同音乐一样，全曲的声调，都是它给予的。"其实，课前导入也同样必须具有"未成曲调先有情"的韵致。

——摘自《课堂教学的导入结尾艺术刍议》

一、字斟句酌话导入技能

1．导入

导入顾名思义指"引导"和"进入"，著名教育家叶圣陶先生说："导"者，多方设法，使学生能逐渐自求得之。"引导"是教师的行为，指活动开始前，教师引导学生做好心理和认知准备，帮助学生更快地进入学习状态的一种教学行为。"进入"则是学生的行为。"导"是手段，"入"是目的。

2．技能

技能是个体运用已有的知识经验，通过练习而形成的动作方式或智力方式，指掌握并能运用专门技术的能力。明代李贽在《李生十交文》中说："技能可人，则有若琴师、射士、棋局、画工其人焉。"文中提到十种交情，酒食、市井、遨游、坐谈、技能、术数、文墨、骨肉、心胆、生死，其中的技能之交是说生活中在技能、艺术方面有造诣的人，如音乐、武术、弈棋、绘画四种技艺，能带给人快乐，让人佩服，也就是可人。

3．导入技能

导入技能是指在活动初始环节，教师利用各种方法，创设学习情境，进行教育教学活动必备的一项基本技能，时代的发展也对教师的教育教学技能提出了新的要求。

二、实例剖析十二导入法

清人李渔在《闲情偶寄》中说："开卷之初，当以奇句夺目，使之一见而惊，不敢弃去，此一法也。"这不仅适用于文章的开头，也适用于课的导入。

（一）歌曲导入

音乐是没有国界的。冼星海说："音乐，是人生最大的快乐；音乐，是生活

中的一股清泉；音乐，是陶冶性情的熔炉。”歌曲营造出或轻松、或愉快、或紧张的场效应，把学生带入其中，引起情感共鸣。如宝琼华老师设计的小学三年级主题教育课“给爸爸妈妈点赞”中，当“爸爸去哪儿”歌曲响起时，学生们就情不自禁地哼唱起来的，脑海中闪现出爸爸妈妈和自己在一起的诸多场景。

1. 师：湖南卫视热播的综艺节目“爸爸去哪儿”，节目里的小萌娃们还吸引了不少粉丝呢，老师也很爱看，它的主题曲传唱率也很高。现在，就让我们一起哼唱一遍吧。

生：我的家里有个人很酷／三头六臂，刀枪不入／他的手掌有点粗／牵着我学会了走路／谢谢你关顾我的小怪物／你是我写过最美的情书／钮扣住一个家的幸福／爱着你呀风雨无阻／老爸，老爸／我们去哪里呀／有我在就天不怕地不怕／宝贝，宝贝，我是你的大树／一生陪你看日出／这是第一次／当你的老爸／我们的心情都有点复杂／你拼命发芽／我白了头发／一起写下一撇一捺……

2. 师：同学们都唱得很棒，相信已经哼了不少遍了吧，能说说你最喜欢的歌词吗？

生：他的手掌有一点粗，牵着我学会了走路。

生：你拼命发芽，我白了头发，一起写下一撇一捺。

……

3. 师：从几名同学的分享中，大家发现了什么共同点呢？

生：爸爸一直陪伴着我们。

4. 师：是啊，我们成长的每一步，学走路、学吃饭、学写字都离不开爸爸妈妈。让我们一起为爸爸妈妈点个赞吧！

（二）故事导入

爱听故事是孩子的天性，神话传说、寓言典故、名人趣事等富有吸引力，将抽象的道理生活化，免平铺直叙之弊，收寓教于乐之效。如朱翠萍老师设计的小学四年级主题教育课“父母的爱＝无价”中，同龄孩子小彼得的故事引发学生进行自我观照。

1. 师：同学们，你们一定很喜欢听故事吧！最近，朱老师听了一个有趣的故事《妈妈的账单》，我们一起来听一听吧！

小彼得是一个商人的儿子，今年11岁。有时，他要到爸爸做生意的商店里去瞧瞧。商店里每天都有一些收款和付款的账单要经办，

彼得经常被派去把这些账单送往邮局寄走。渐渐地，他觉得自己似乎也成了一个小商人。有一次，他突发奇想：也开一张收款账单给妈妈，索取他每天帮妈妈做事的报酬。

一天，妈妈发现餐桌旁放着一份帐单，上面写着：

母亲欠儿子彼得的账单

取回生活用品	20 芬尼
把挂号件送往邮局	10 芬尼
在花园帮大人干活	20 芬尼
彼得是一个听话的好孩子	10 芬尼
总计	60 芬尼

彼得

彼得的母亲仔细地读了一遍，收下了这份账单，什么话也没有说。

晚上，小彼得在餐桌旁找到了他想要的报酬。正当他如愿以偿，想把这笔钱放进自己的口袋时，突然发现餐桌旁边还放着一份给他的账单。他把账单展开，认真地读了起来：

彼得欠母亲的账单

彼得在母亲家里生活了十年	0 芬尼
彼得十年中的吃喝	0 芬尼
妈妈在彼得生病时的护理	0 芬尼
彼得有一个慈祥的母亲	0 芬尼
总计	0 芬尼

妈妈

2. 师：孩子们，听了这个故事，再来看看这份账单，你是怎么想的？

生 1：我觉得彼得是个不懂事的孩子，他不应该向妈妈要报酬。

生 2：我也觉得彼得不该要报酬，因为妈妈为他做得更多。

生 3：妈妈为彼得做了许许多多的事情，可是妈妈没要任何回报。

生 4：……

3. 师：孩子们，你们和故事中的彼得年龄相仿，让我们和彼得一起来算一算：父母的爱到底值多少？

（三）诗歌导入

诗歌是语言的凝练与升华，能营造出如诗如画的美妙意境，陶冶学生的情操，堪称语言艺术之最。如王燕老师设计的小学三年级主题教育课“那些年，我们用过的农具”中，通过耳熟能详的古诗导入本堂课的主题，简洁明了地揭示课题，了解农业对于中国的重要性。

1. 师：请同学们跟着视频一起读读这首古诗。

播放视频《悯农》：锄禾日当午，汗滴禾下土。谁知盘中餐，粒粒皆辛苦。

2. 师：看，农民在锄地的时候用的是什么农具？

生：农民用的是锄头。

3. 师：是呀！这首诗描写的是农民用锄头辛苦种地的场景。中国是一个农业大国，农业人口有7亿多，占40%以上；中国的耕地面积20.25亿亩，居世界第三位。我们国家的发展离不开农民们的辛苦耕种。今天，就让我们一起去看看农民们以前使用过的农具。

（四）谜语导入

谜语是中华民族文化宝库里的重要成员，猜谜语是一种很有意思的娱乐方式，让活动不再枯燥。如罗丽惠老师设计的一年级主题教育课“我和时间交朋友”中，巧设谜面，在头脑风暴中揭开谜底。

1. 师：老师带来一个谜语，你们猜一猜。小小圆形运动场，三个选手比赛忙，跑的路程没长短，用的时间不一样。

生：时钟。

2. 师：正确。今天，我们就跟着时钟，一起来安排自己的生活。

（五）事例导入

学生是社会的一分子，精心选择的生活情景，身边熟悉的事件，热点新闻的报道，能唤起已有的知识储备，使学生产生一种亲切感。如胡圆老师设计的初中六年级主题教育课“有你在，真好”借用一句时尚的话——“友谊的小船说翻就翻”，再现了好朋友相处中的几个画面，引发同学们的思考。

1. 师：最近，班里的小黄同学遇到了一些烦恼，她和最好的朋友

小黑闹了很多不愉快，请看视频。

镜头一　小黄：我染黄头发好看吗？

小黑：学校规定不能染头发的……

小黄：你能不说这个吗？……

（友谊的小船说翻就翻）

镜头二　小黄：我作业忘写了，借我抄抄呗？

小黑：抄作业是不对的，我不会借给你的……

小黄：你是不是我朋友啊……

（友谊的小船说翻就翻）

镜头三　小黄：薯片、瓜子、奶茶……这么多好吃的，我也要吃！

小黑：你感冒了，这类没营养的食品暂时不能吃的……

小黄：小气……

（友谊的小船说翻就翻）

2. 师：小黑的种种表现让小黄感觉非常生气，从视频中，你看出是什么导致她们不欢而散了吗？你觉得小黑是一个怎样的孩子？

（六）演示导入

演示导入就是把抽象的、远距离的、不易理解的事物用具体的、形象的实物或教具加以演示，引导学生直接观察、分析，架起由形象向抽象过渡的支架，减缓理解难度。如陈瑞老师借班执教四年级主题教育课“中国相声，百年欢笑”时，他身穿大褂，上台就是一个漂亮的鞠躬，还声情并茂地演绎了单口相声《五环之歌》，透过表演，学生感受到了相声特有的语言魅力和表现方式。

师：上台鞠躬。同学们，大家好！今天很高兴认识我们四（1）班的同学，我先为大家表演一个节目作为见面礼，然后，请同学们猜猜我的职业。

师唱《五环之歌》：“啊——啊——啊——五环，你比四环多一环，啊——啊——啊——五环，你比六环少一环，终于有一天呐，你会修到七环，修完七环怎么办？你比五环多两环。”

（七）板书导入

板书导入是在黑板上当场板书或出示已经准备好的、与所学内容有密切联系的板书或板贴，诱发学生的好奇心，点燃学生求知的火花，引导学生进入学习情境。如宋海美老师设计的小学五年级主题教育课“小岗位，想说爱你也容易”

中，先当堂板书象形文字“”，学生一下子被这个字吸引住，在揣摩的过程中被吊足胃口，随后，老师进行释疑解惑。

1. 师：同学们，象形文字是一种原始的造字方法，它利用图形表达物体的外形特征。请大家看这个象形文字“”，猜猜它的简体字是哪个？

生：……

2. 师：老师来揭晓谜底吧，我们把它分解成上下两部分，上面这部分读作“辛”，是一种刑具，下面这部分读作“去”，意思是出门劳作。近代楷书中，人们进行了字件缩减，把这部分去掉，就是现在的“业”字，它意味着拿起工具，出门劳作。所以每个人都有自己的职业，并伴有一份责任。

（八）图片导入

图片导入是用幻灯片或挂图来刺激学生的感官，既直观又形象。如朱毓昊老师执教的小学四年级主题教育课“镜头里的值日生”中，通过酷爱摄影的老师拍摄的教室照片导入，使学生直观感受到干净、整洁的环境能给人带来舒适、愉悦的心情，自然而然地揭示课题。

1. 师：同学们，你们喜不喜欢摄影啊？朱老师最近爱上了摄影，来欣赏一下老师拍下的生活小镜头吧！

PPT 出示 7—8 幅旅行中风景优美、干净整洁的摄影作品，并标注上地点，最后两个小镜头：① 教室里窗明几净。② 教室里课桌歪歪斜斜，遍地狼藉。

2. 师：这两个小镜头，你们喜欢哪一个？喜欢第一个的用大拇指表示，喜欢第二个的用圆圈表示。说说为什么喜欢第一个。

（师随机采访，生交流）

3. 师：是啊，大家都喜欢在干净、整洁的教室里上课、学习，那我们教室里的哪些小镜头还不尽如人意呢？今天，就跟着朱老师的镜头，走进我们的教室，走近我们班的值日生。

（板书课题：镜头里的值日生）

（九）情境导入

情境导入是指用音乐、图画、动画、录像或者满怀激情的语言创设新奇、

生动、有趣的学习情境，使学生情不自禁置身其中，展开丰富的想象，产生如闻其声、如见其形、如临其境的感受。如赵灵老师在小学二年级主题教育课“匹诺曹讲诚实”中设计了转学的匹诺曹来到新学校后的场景，由此引导学生讨论。

1. 师：今天，我们班上转来了一名新同学。瞧，他是——匹诺曹。让我们用热烈的掌声欢迎他的到来。

播放视频《匹诺曹转学》：大家好，我叫匹诺曹，很高兴来到实验东校，希望能和大家成为好朋友。

中午休息时间到了，东东带着匹诺曹参观校园。当走到儿童乐园的时候，匹诺曹停住了脚步。

匹诺曹说：“哇，这里有荡秋千，有滑滑梯，还有勇敢者道路，太棒了！我要进去玩！我要进去玩！”

东东一把拉住他：“不行呢，今天是一年级同学的游戏时间，我们二年级要到明天才能玩呢！你看这牌子上清清楚楚地写着呢！”

儿童乐园时间安排表

每天中午 12:00—12:30。

周一：一年级；周二：二年级；

周三：三年级；周四：四年级；周五：五年级。

匹诺曹说：“什么？这可不行，我等不及了，我就要现在玩！”

只见匹诺曹眼珠骨碌一转，三下五除二，摘下了绿领巾，往裤兜里一塞。“瞧，我现在不就变成一年级的同学了吗？”

东东诧异地瞪大了眼睛，连忙伸手阻止：“你怎么能这样做呢？你今天不能进去玩！”

可匹诺曹挣脱开东东的手，挤进儿童乐园的大门，对守门的家长义工说：“我是一年级的同学，我要进来玩！”

家长义工一把拉住他：“不行，绿领巾都从你的裤兜里掉出来了。二年级的同学明天才能玩呢！你明天再来吧！”

瞧，匹诺曹的鼻子变长了。

2. 师：匹诺曹的鼻子为什么会变长呢？

（生交流）

（十）问题导入

思维永远是从问题开始的，问题导入是指教师提出富有挑战性的难点，使学生顿生疑虑，引起学生的回忆、联想和思索，从而产生学习和探究欲望，是激思解疑的行为。如马雯晔老师设计的小学四年级主题教育课“厉害了！中国制造”选取了日常生活中使用频率非常高的物品——笔，通过一个问题“看看它的品牌是什么”，让孩子们感受到“中国制造”的普及性之高。

1. 师：同学们，你们看，这是老师平时写字和批作业常用的笔。它们的品牌是晨光——中国品牌。请你们打开笔盒，拿出一支笔，看看它的品牌是什么？将中国品牌、中国制造的笔放到讲台上的小盒子里来。

（同学们纷纷拿出笔，开始研究，并将笔放进盒子。）

2. 师：我们一起来数数，有多少支笔。

3. 师：我们班总共有 89 支笔都是中国制造的。在课前，有一个班级已经做了笔的品牌调查，我们一起来看一看他们的调查结果吧！

（十一）游戏导入

“玩”是儿童的天性，从游戏导入，不仅能增加课堂乐趣，更能在愉悦的体验中增长知识，使学生边玩游戏边学习，在丰富多彩的游戏中达到“玩与学”相结合的目的。如倪海菊老师执教的四年级主题教育课“小小外卖　使命必达”中设计了《谁是抢单王》的游戏。

1. 师：正式上课之前，老师想邀请同学们来玩一个游戏《谁是抢单王》，在规定的时间内，两名同学进行比赛，谁接到的食物多，就获得“抢单王”的称号。注意，里面有陷阱哦！

《谁是抢单王》游戏规则：每次游戏请两名学生同时上台玩由“希沃白板”制作的“谁是抢单王”小游戏，游戏时长 58 秒，难度三颗星。

屏幕分隔成左右两部分，屏幕正中上方有“谁是抢单王”字样，五字下面是倒计时秒表。游戏开始后，左右屏幕的最上方会陆续下落物品，有些是常见的外卖：重庆小面、铁板牛肉、奶茶、香香鸡、肯德基、麻辣香锅、味千拉面、芝士蛋糕、水饺私厨、回转寿司、韩国烤肉、久久丫、段氏龙虾、海鲜食品、沙县小吃、小杨生煎、棒约翰披萨、老鸭粉丝汤、家常小炒、香浓泡芙，有些是不属于外卖的物品或场所：学校、五星红旗、教学大楼、自然博物馆、书房、香樟树、金字塔、纸张、餐饮大厦、人行横道线。

在下落的过程中，学生要快速作出判断，并点击外卖食品，一旦判断正确并点击成功，即可得分，点错将被扣分，所得分值在最上方的框框内显示。58秒结束后，屏幕会自动显示双方各对几题、错几题和所获分值，获得分值高的一方即为获胜者，在分值上方会出现金色王冠的嘉奖。

（十二）视频导入

视频导入是利用电影、录像或FLASH动画等视频资料导入新课，直接刺激学生的感官，从而激活学生的求知欲望，活跃课堂气氛，拉近师生之间的距离。康燕灵老师执教的小学五年级主题教育课“我家的年夜饭”开场就播放视频《舌尖上的春节》，自然而然引出“年夜饭”这个话题，用美食调动学生的注意力，营造新春过年的氛围。

1. 师：民以食为天，饮食是中华文化的精粹之一。辞旧迎新的除夕对于中国人而言，是极其重要的一天，年夜饭也是一年之中最特别的一顿饭。这节课，我们用舌尖去旅行，让味蕾记住美好的生活滋味。

播放视频《舌尖上的春节》：时代在变，新春的习俗也在悄然改变，但那些曾经塑造了我们生活方式和礼俗秩序的食物依然生机勃勃。各家各户都在准备自家的年夜饭，餐桌上摆出了一道道具有代表性的菜肴……

2. 师：同学们看得太专注了，美食的香味仿佛已经飘了过来，真想亲口品尝呀！说说你在视频里看到了哪些菜？

生：八宝鸭、烧鹅……

3. 师：年夜饭的名堂很多，南北各地不同，而且各有讲究。今天，我们就要走近家家户户的年夜饭。

（板贴：我家的年夜饭）

课堂导入的方法还有很多，如朗诵导入法、比较导入法、格言俗语导入法等……

三、十字要诀议导入要点

一出好戏要从精彩的序幕开始，一部华章要从优美的序曲开始，一节好课要从引人入胜的导入开始。成功有效的导入应该具备以下几个特点：

1. 扣。导入要紧扣教育主题，体现针对性。犹如电影的“序幕”和乐曲的“引子”，好比歌唱家定调、提琴家上弦，第一个音定准了，就为后面的演奏奠定了基石。导入的目的是为后续内容服务，导入与后面的主体内容要无缝衔接。

2. 精。导入不是越花哨越好，要控制时间，一般在3—5分钟内，时间太短，如蜻蜓点水、一带而过；时间太长，会显得喧宾夺主。导入要做到先声夺人，用短、平、快的形式破解主题，用最短的时间做到“抢耳”“抢眼”“抢心”，为后面的重、难点的突破留出足够的时间。

3. 趣。导入要有吸引力。从心理学角度讲，兴趣是认识事物产生的良好情绪，表现为一种强烈的责任感和探究精神，促使人们积极寻求和了解事物的经过。导入是教学活动的第一步，要拨动学生心弦，“课伊始，趣已生”，才能保证“课进行，趣正浓；课结束，趣犹存”。

4. 近。老师要像说书人那样，“起讲抓得住人”。导入要找准切入点，结合学生的认知水平和年龄特点，运用最贴近学生生活的，最能激发学习兴趣的方式，提高注意力。

5. 疑。学起于思，思起于疑。好奇心引发探究欲，设置富有想象空间的主题，用悬念激发学生的学习兴趣和讨论热情。

6. 动。课堂导入好比一节课的敲门砖，敲了以后要得到回应。学生是课堂的主体，导入环节要充分考虑学生的感受，注重师生互动，用最生动的形式发挥导入的最佳效果。

7. 情。苏联教育家苏霍姆林斯基说：“如果老师不想办法使学生产生情绪高昂和智力振奋的内心状态，就急于传授知识，那么，这种知识只能使人产生冷漠的态度，而给不动感情的脑力劳动带来疲劳。”导入以情为纽带，通过潜移默化的影响，起到“随风潜入夜，润物细无声”的作用。

8. 多。捷克教育家夸美纽斯说：“只要有可能，就应当用感觉去接受一切东西：能看见的东西用视觉；能听见的东西用听觉；如果某种东西能同时用好几种感觉去接受，那就应当同时用好几种感觉去接受它。”导入可以利用图片、表演、音频、视频、实物展示等多种方式调动学生的听觉、视觉、触觉等感官刺激，吸引学生的注意力。

9. 新。课堂的导入贵在创新、重在实效，新颖且富有时代性的导入方式，更为学生所熟知，更能引起学生的共鸣。

10. 变。导无定法，贵在得法。导入并无固定的模式可循，单一的导入方

法是乏味的，但即使是一个好方法，经常用它也会失去魅力。导入讲究灵活性，切忌生搬硬套，应根据主题内容、活动对象以及自己的风格，灵活选用不同的导入方法，做到以情入境、以奇入境，以疑入境。

四、四个维度析导入功效

精彩的导入能“投石激漪”，引起“浪花四溅”的思维碰撞，使学生从课始就产生浓郁的兴趣，迅速进入良好的学习状态，带给学生一种和谐愉悦的心情感受，为整节课奠定良好的氛围。导入要完成四个重要任务。

1．导入强启动——切换，时空上及时位移

俗话说，万事开头难。课始，学生的兴奋点还可能沉浸在上节课的余音中，对教师的讲课“视而不见”“听而不闻”。故课始的第一要务是唤起学生的注意力，排除杂念，调动学生的认知注意和情绪注意，实现兴奋中心的转移，切换到本次活动的应有状态。

2．导入意相通——链接，情感上互动交融

活动中，情感对教师和学生的行为具有支配、控制作用，应注重引起情感共鸣。导入既是传授知识的开始，也是沟通情感的手段，学生的情感直接影响学习进程，通过导入，能够渲染气氛、沟通情感，达到师生心灵相融的意境。

3．导入引新知——铺垫，认知上情景再现

导入如同基石，为课的展开做好铺垫；导入如同序幕，预示着主题的高潮；导入如同路标，引导着学生的思维方向。导入就是从学生的已知出发，走向学生的未知（或少知）的一个过程。成功的导入犹如一把开启兴趣大门的金钥匙，营造出浓郁的学习氛围，使学生进入良好的学习状态，凸显潜在的教育导向。通过导入环节使学生产生认知需求，这也是导入的应有之义。

4．导入添动力——发动，行为上亲身体验

通过导入能激发学生的学习热情，充分调动学生的非智力因素，使学生“兴奋”起来、活跃起来。孔子在《论语·述而》中说：“不愤不启，不悱不发。”朱熹在《论语集注》中解释道：“愤者，心求通而未得之意，悱者，口欲言而未能之貌，启，谓开其意，发，谓达其辞。”这也就是我们常说的“启发式”。在学生进入“愤”的状态时“启”，在学生进入“悱”的状态时“发”，这样的教学效果最佳。

德国教育家第斯多惠说“教学的艺术不在于传授本领，而在于激励、唤醒、鼓舞”。特级教师于漪说：“课的第一锤要敲在学生的心灵上，激发起他们思

维的火花，或像磁石一样把学生牢牢地吸引住。”导入是教师经验、学识、智慧、创造的结晶。它好比一把钥匙，开启学生的心扉，诱发学生的求知欲望，达到“课未始，兴已浓”的愤悱状态。掌握多种导入技能，让主题教育课生发无限可能。

直观语言——板书设计　强力回归

随着投影仪、一体机、电子白板等现代媒体的广泛使用，板书一度淡出大家的视线，甚至有“无板书”的现象发生。21世纪，主题教育课设计还需要板书么？

——一名青年教师的困惑

一、三大优势呼唤板书的回归

板书是教师在教学过程中配合语言、多媒体等，运用简练的文字、符号、图表等形式呈现重点、难点或关键性的知识，向学生传播简要信息的教学行为方式，可以有效弥补讲授的不足，帮助学生接受、理解、记忆各种知识和信息，有着不可替代的特点与优势。

1. 视觉优于听觉

捷克教育家夸美纽斯指出：“只要有可能，就应当用感觉去接受一切东西。”实验表明，外界进入人脑的信息，有90%以上来自眼睛。视觉信息相对听觉信息来说，更容易被接受和理解，留下的印象也较为深刻。板书是学生通过视觉获取知识和信息的最简易渠道。

2. 直观优于想象

板书以简要的文字信息、形象的造型结构、多样的符号标志、丰富的色彩图案和多变的字体搭配，带给学生强烈的、多方面的感官刺激，强化了直观形象。

3. 简要优于繁杂

板书就课堂内容抓主剔次，删繁就简，串珠成线，结线成网，形成逻辑严谨、脉络清晰、简明扼要的信息系统，让学生看得明白、学得精当、记得扼要、不易遗忘。

二、板书的两种分类和三种布局

1. 板书的两种分类

(1) 正式板书

指活动过程中，提纲挈领地写在黑板上的书面语言，反映了整个活动流程

和主要内容，往往写在黑板最显眼的部位，在黑板上保留到结束。

（2）随机板书

指可以在黑板上随写随擦的内容，如草图、过程性板演等，通常写在黑板的侧面位置。

2. 板书的三种布局

（1）中心版，一块黑板，用中心居中的版面。

（2）两分版，将版面一分为二，一侧为主版，另一侧侧为辅版。

（3）三分版，以黑板中心为主，主版两侧留出版面以供副板书和辅助板书用。

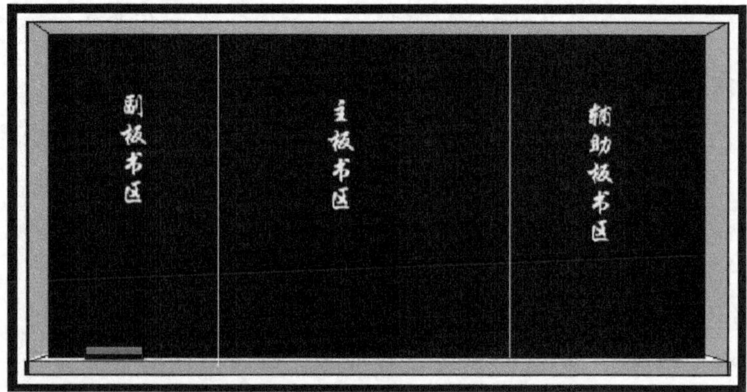

三、板书的多种形式

1. 条纲式板书

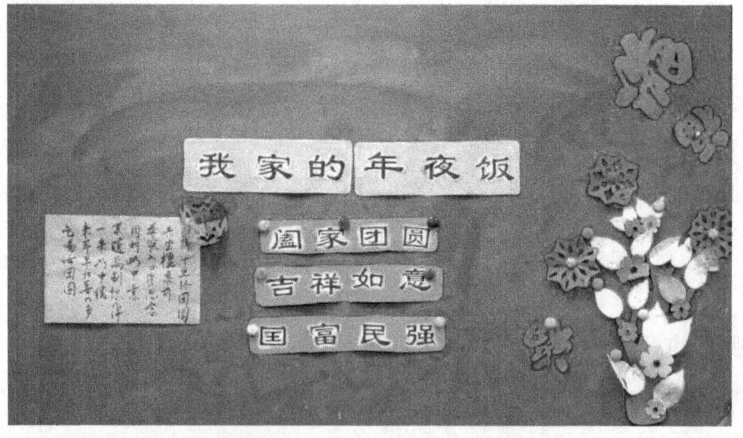

条纲式板书重在根据内容之间的内在联系，用大、小括号或编号将内容进行系统排列。如康燕灵老师执教的五年级主题教育课“我家的年夜饭”的板书

有“阖家团圆”“吉祥如意”“国富民强”三点，直观展现了年夜饭所蕴含的美好寓意。三点之间由小到大，由自己的小家庭到中华民族的大家庭，让学生从熟悉的年夜饭感受到家国情怀。板书设计鲜明醒目地反映了教学内容及其逻辑关系。

2. 对比式板书

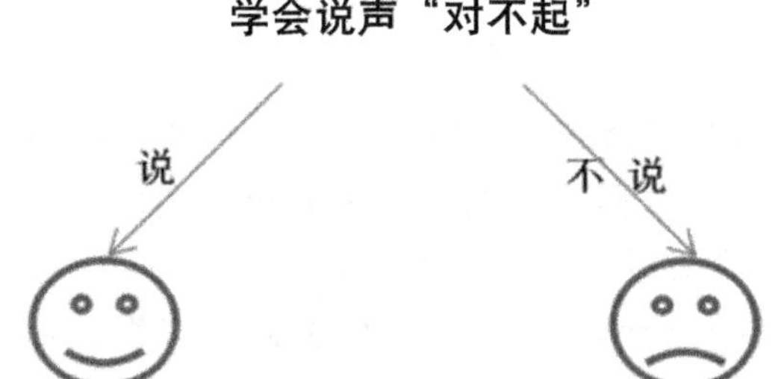

对比式板书是运用对比方法显示出异同的板书。如“学会说声‘对不起’”中，“说”最终是笑脸相对的，而“不说”则是哭脸，两种态度导致两种结果，一目了然，形成鲜明的对比。

3. 点题式板书

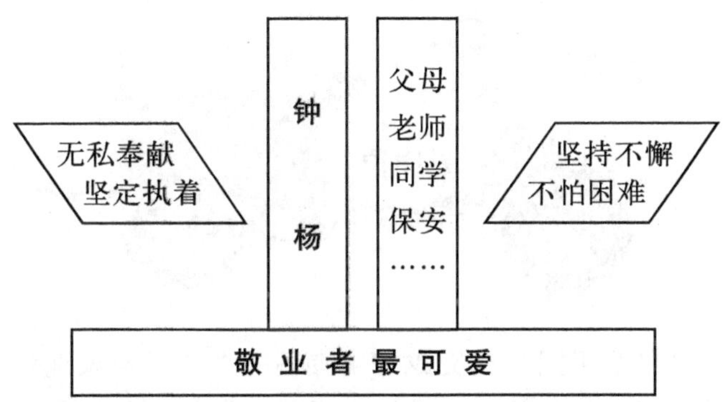

点题式板书重在提炼出关键性的重点字、词形成板书，简明扼要地概括主要的教学内容。如邵如洁老师设计的六年级主题教育课“敬业者，最可爱”中，老师的偶像钟杨和我们身边的父母、老师、同学支撑起“业”字的两竖，他们都是值得尊敬的敬业者。无私奉献、坚定执着、坚持不懈、不怕困难……这些敬业者的品质，构成“业”字的两点，他们使敬业者熠熠生辉。最后，由本课的课题“敬业者最可爱”构成“业”字的一横。“业”字将本课的重点直观形象地呈现给了学生。

4. 线索式板书

学会整理书包

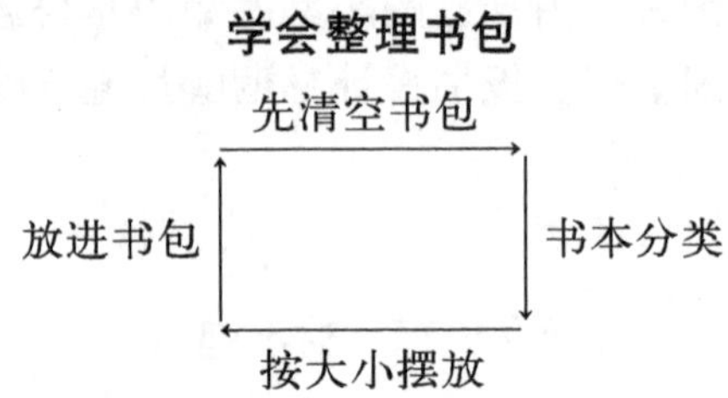

线索式板书重在根据内容的某种联系，按照一定顺序，反映内在逻辑联系，凸显出事情发生、发展的过程，勾勒出知识形成的过程。如方秋萍老师设计的一年级主题教育课“学会整理书包”中，按“清空书包—书本分类—按大小摆放—放进书包”的先后顺序，对学生整理书包的方法进行指导和训练，培养了学生的自理能力和热爱劳动的习惯。

5. 图画式板书

小小外卖　使命必达

图画式板书重在采用图中夹文或文中夹图的办法，形象地勾画出事物间内在的联系，生动、形象、直观，促进抽象思维的发展。如倪海菊老师设计的小学四年级主题教育课“小小外卖　使命必达”可谓利用图形加深印象的典范。板书的主体是外卖员的主要交通工具——一辆处于工作状态中的红色摩托车，车前方的探照灯射出一道柔和的光，车尾的排气管正“吐出”尾气，车后座的方形箱子上印有一把叉子及“××外卖”的字样，这是存放外卖的容器，无论刮风下雨，还是酷暑严寒，外卖总能在箱子的保护下“安然无恙”。骑行中的外卖员用行动践行着“敬业”二字，而敬业的达成得益于三个关键词：前照灯上方的——负责任、脚垫上方的——爱岗位及坐垫上方的——讲方法。敬业是

中华民族的传统美德，板书为我们描绘了这样一幅场景：外卖员稳居坐垫、脚踏脚垫、目视前方，心无旁骛地驶向目的地，此刻，摩托车后方随风飘扬的五星红旗显得更加鲜艳了……

6．悬挂实物式板书

悬挂实物式板书由学生将活动中完成的作品当场悬挂在黑板上，形成板书。如钱黎娜老师设计的小学三年级主题教育课“小小中国结　传递中国情”用“传结达意”四个字提纲挈领地表达主题内涵，孩子们动手编结、挂结传福，给环卫工人、消防员、警察、解放军战士、贫困山区的孩子们等，美化板书的同时加深了主题教育的内涵。

7．成果式板书

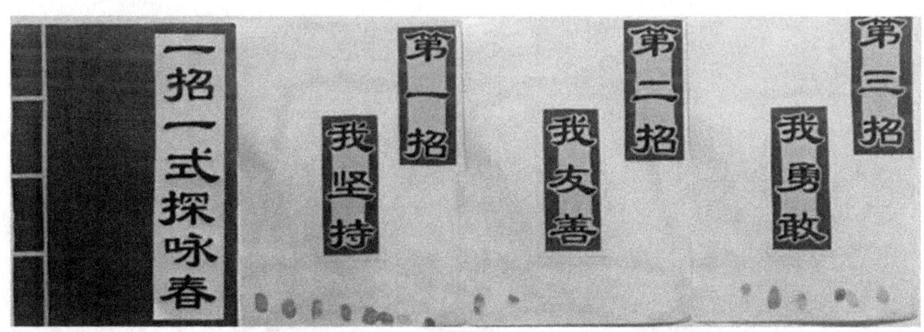

成果式板书是最终可以形成成果、赠与学生的板书。如唐高俊老师设计的三年级主题教育课“一招一式探咏春”中，板书设计别出心裁，用秘籍书页的形式展现，把三招制作成武功秘籍，最后装订成一本小册子，赠送给学生，体现了武术传承的精神，合理延展给课堂。

8．迭代式板书

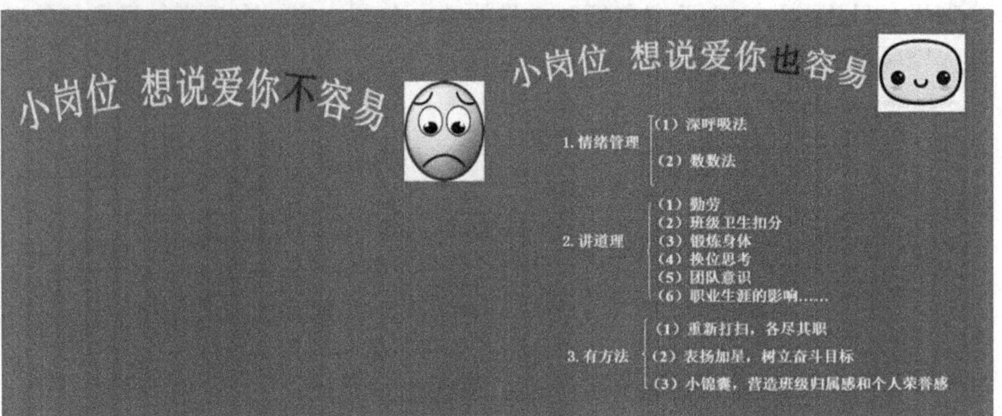

迭代式板书是根据活动的进程对板书进行适时更替。如宋海美老师设计的小学三年级主题教育课“小岗位，想说爱你也容易”中，课始，由学生遇到岗位工作中的困惑而引发大家的心声：小岗位，想说爱你不容易。随后，借本课主人公洋洋和值日班长之口，再次强调岗位工作不容易，并开展故事叙述。课堂中，通过解决故事中的矛盾，让学生一步步探索出岗位工作的三大法宝：情绪管理、讲道理和有方法。通过对三大法宝的探索和运用，让学生在岗位工作中体验成功，最终板书中的关键词“不”顺势调整为“也”，板书中的哭脸图案也转变为笑脸图案，收获“小岗位，想说爱你也容易”的快乐！

9．随机式板书

担　当

随机式板书有非常强的开放性，板书内容在预设之初有很强的不确定性，是根据学生思维当堂生成的。如富士英老师执教的五年级主题教育课“担当”的设计灵感源于《班级日志》中所记载的学生不愿担责的诸多表现。板书中“自

律”“爱学习”“自愿主动”“自信”“负责任”等是学生在课堂上当场总结出来的，并由学生书写在黑板上，老师利用这些内容勾画出了一本书——也就是“班级日志”的形状，至此，学生们对“担当”这一主题的内涵有了更为深刻的认识。

四、如何设计主题教育课的板书

板书设计应该是实、精、新、活、美的和谐统一，体现出老师们巧思多才的智慧之花。杨玲玲执教的小学四年级主题教育课“小硬币，大思考”就是一个很好的范例。

<table>
<tr><td>第一步</td><td rowspan="5">
</td><td>出示课题，“小硬币”的“硬”字由一枚铜钱组成，显示与钱币有关；“大思考”旁边注明了一个问号，引起了学生的兴趣。</td></tr>
<tr><td>第二步</td><td>出示树干，整个板书以一只大手为树干，五指张开、向上托举的大手是中心，上面是“大学问”这一核心关键词。</td></tr>
<tr><td>第三步</td><td>“小硬币　大学问”环节，学生们小组合作，找到硬币的不同特点后，在“大手”上方逐一贴出了大小不一、形状各异的树叶，树叶上标有年份、面值、大小、图案、颜色、材质、边沿……</td></tr>
<tr><td>第四步</td><td>“小硬币　需保护”环节，一只写有“需爱护”字样的浇花桶出现在了大树的上方，讨论总结出爱护小硬币的各种方法，带有“捡”“擦”“提醒”“劝阻”的小水滴从洒水桶洒向“成长树”，随后，零钱包图案也出现了。</td></tr>
<tr><td>第五步</td><td>总结全课，至此，美丽的花蝴蝶也开始在“学问树”四周翩翩起舞。</td></tr>
</table>

1．目的性

完整的板书设计既能落实知识目标，同时，情感价值这一高维度目标也可以初步达成。“小硬币大思考”从“大学问”和“需爱护”两个角度出发，以“大学问”作为主干，硬币上的区别作为绿叶，又以印有“需爱护”的字样作为浇花桶，编织了一张清晰的结构网，不仅形象，而且美观。

2．条理性

板书的脉络清晰、层次分明，形成一个整体，布局匀称得体，色彩搭配亮，体现教师的教学理念。

3．概括性

板书设计是活动的浓缩和精华，是要让学生明白的知识和主线。板书设计要求简明扼要，在有限的时间里输送更多的知识与道理。只有在“实”的基础上，才可以求“精”，要以尽可能少的文字或符号传递尽可能多的信息。

4．过程性

开始时就呈现所有板书内容，学生难以接受消化；结束时呈现，显得画蛇添足，起不到作用。板书应该贯穿教育活动的始终，边教学边随机进行；板书应该在课程的关键时刻出现，起到提纲挈领的作用。“小硬币　大思考”就是让学生自己贴制“成长树”的方式来呈现板书的，这个过程本身也是他们了解小硬币，懂得爱护小硬币的一次实践体验，体现了“做中学，学中做”的理念。

5．美观性

高尔基说：“人人都是艺术家。他无论在什么地方，总是希望把‘美’带到他的生活中去。”教师传授知识和经验只是完成了工作的一半，教师同时还要对学生进行全方位的引导，板书设计是建构在视觉心理之上的，美育便是其中不可忽视的一个重要方面。“小硬币，大思考”一课中，杨老师用树苗的形状将同学们观察到的有关硬币的特征串联在一起，增加了板书的美感。为了突出重点，老师还用不同颜色的粉笔书写或用特定的符号加以标记，发挥板书的审美功能。

6．参与性

研究发现，“听一遍不如看一遍，看一遍不如写一遍”。老师可以根据学生的回答当堂完善板书，让学生真正融入课堂。好的板书设计是教师备课时的构想，并结合课堂中师生间的交流来完成的。板书也可以由学生参与补充，是课堂上新知构建的过程。我们要打破板书由教师一手包办、全盘授予，学生被动迎合的旧例，把板书还给学生。如“小硬币　大思考”一课中，征集爱护硬币金点子环节，杨玲玲老师已经预设了许多金点子，事先制作好了精美的板书，但有一个学生提出了做指示牌的点子，杨老师就让他直接在黑板上板书，激发了学生参与板书设计的热情，发挥了他们的主观能动性。

7．工整性

板书是学生平时书写习惯的参照物，需要整洁美观，书写工整，教师在黑

板上板书时切忌花哨潦草。

8. 创新性

创新是指板书时应该做到灵活而不呆板，板书有写、贴、画三种形式，通过大小、色彩、顺序等对比，增强视觉效果，吸引学生注意力。

(1) 写：可以采用不同的字体，如宋体、黑体等；可以放大或缩小某个字词，增加字与字之间的对比效果；变化书写顺序及格式，如采用从右到左、从上到下或波浪形等书写格式；可以采用不同颜色的粉笔。

(2) 贴：可以用卡纸、亚历克板、磁贴、纸质的盘子、水杯等材料来设计板书内容。

(3) 画：可采用绘画等形式，如简笔画、一笔画、漫画、速写、素描等手法，寥寥几笔，勾勒出生动的形象。

“小硬币，大思考”就综合运用了以上方式，采用符号、图形来标示，并适当运用红、蓝、黄、绿等彩色粉笔配合，加强板书设计的艺术效果。

五、主题教育课板书的作用

1. 对教师而言，是集成块

对教师来说，板书反映的内容是教师头脑中的认知结构，是对活动内容浓缩、整合而成的“集成块”，而不是简单的机械性重复，板书折射出教师的理论修养与审美观点，是教师备课深入与否的标志，是其创造性劳动与科学思维的结晶。

2. 对学生而言，是脚手架

板书最重要的功能是突出学习的要点，板书是课堂内容的“脚手架”，是感知教育内容的直接形式，科学地掌握知识结构，是学生理解、消化、内容的向导，促进学生对学习内容的接受和记忆，减少了学生的认知负荷。

板书是无声的教育语言，是教师根据需要在课堂教学中表情达意、教书育人最直观的书面语言，是教师必备的基本教学技能。板书素有微型教案之称，集方案设计的“思路”、教师技能的“教路”和学生探究的“学路”于一体，是内容与形式相结合的佳作，是活动过程的缩影，是通向智慧的桥梁，是整个课堂教学的灵魂，具有无穷的魅力！

他山之石：活力古猗的幸福追求

他山之石：活力古猗的幸福追求

老师们，今晚七点，相约微信群，进行“幸福指导课”语音教研活动，不见不散哦……

——摘自嘉定区古猗小学德育副校长龚志萍的微信留言

“学生幸福课程”是嘉定区全面推进的中小幼一体化区本德育课程，以培养具有良好行为习惯与幸福生活能力的学生为核心理念，把培养健康人格、培育公民素养作为课程总体目标，以生活体验的方式，指导学生获得幸福和自信的能力。

充满活力的古猗小学是嘉定区“学生幸福课程”项目领衔学校，近年来，学校创新运用10分钟、20分钟、30分钟不同的课型模式，展开“幸福指导课”的研究与实践。由于白天教学工作忙碌，老师们便利用晚上休息时间，借助微信语音和视频，展开了“一课三磨”（一磨方案设计，二磨试教改进，三磨说课反思）的网络教研活动，打磨出了“消防安全Do Re Mi”“小电梯　大安全”“共享单车　共想安全”“二维码的秘密”等安全教育系列主题教育课。

消防安全 Do Re Mi

【活动背景】

提高消防安全意识和自护自救能力，一直是教育工作的重点，让同学们在一个安全的环境中健康地成长是社会、学校、家庭共同的责任。对此，党中央、国务院高度重视，要求切实加强学校的消防安全工作，提高学生安全意识及自防自救能力。

生活中，小学生看到过灭火器、消防栓等消防设备；通过网络、微信、新闻等媒体对火灾的危害有一定的认识；在学校组织的专题讲座、火灾疏散演练等活动中学习过火灾逃生的基础知识和基本技能。教育一个孩子，将带动一个家庭。随着学生消防安全意识的增强，有利于学生自护自救能力的提高，更有利于学生家庭幸福指数的提升。

【活动对象】

小学三年级学生

【活动目标】

知识与技能：学会排查火灾隐患，掌握基本火灾自救方法。

过程与方法：

1. 学会排查家庭中火灾安全隐患的方法，形成初步的防火意识和自我保护意识。

2. 学习扑灭油锅起火的正确方法。

3. 完成火场自救逃生练习，初步掌握基本的火场逃生方法，提升自救能力。

情感、态度、价值观：认识火灾事故的严重性，珍惜生命的可贵，增强对消防员的崇敬之情。

【活动准备】

消防员录音、着火的锅子模型、制造烟雾的干冰、湿毛巾

【活动过程】

一、情境导入：打卡体验馆

1. 师：同学们，今天老师要带领大家到消防安全体验馆打卡，消防员叔叔说，如果要获得徽章，必须要完成3个闯关小游戏，你们准备好接受挑战了吗？

生：接受挑战！

【设计意图：德国教育家第斯多惠说："我们认为教学的艺术不在于传授本领，而在于激励、唤醒、鼓舞。"情景创设是老师根据教育内容，创设学生所熟悉的生活情境，使学生产生身临其境的感觉，从而激发学生浓厚的学习兴趣。】

二、消防安全Do：无火会预防

（播放录音《消防员带领闯关一》：同学们，现在我们来闯第一关——暑假旅游前，请排查家庭消防安全隐患。）

1. 师：每一个小队都拿到了一张组合图片，看看你们是不是火眼金睛，能快速找到图片中的火灾安全隐患。

生：第4幅图中，楼道里有很多的堆积物，如果发生火灾的话，会耽误逃生的时间。

2. 师：所以，为了自己的安全，也为了他人的安全，应该主动清理掉楼道的堆积物。

（板书：处理堆积物）

生：第2幅图中，一个拖线板上插了充电宝、电水壶等多个电器，非常危险。

3. 师：没错，如果一旦电线短路，就有可能引起火灾。所以我们离家之前，要——

生：要把电器的插头拔掉。

4. 师：是的，最好把家里的电源切断。如果要切断冰箱的电源，一定要清理冰箱内的东西。

（板书：断电）

生：第一幅图中的天然气开关没有关，如果漏气，会发生火灾。

5. 师：对啊，天然气如果发生漏气，引发的火灾可是非常严重的。所以我们离家时，要切断天然气。

（板书：断气）

生：第3幅图中有个打火机在阳台上，可能会引发火灾。

6. 师：打火机放在阳台上，如果长时间暴晒，温度过高就有可能引发打火机爆炸。所以我们一定要把这些易燃物放在安全的地方。

（板书：清扫易燃物）

（播放录音《消防员送印章》：同学们在第一关中的表现非常棒，有一双能找出火灾隐患的“火眼金睛”，请组长给同学们盖上一枚小印章吧！）

7. 师：在我们的日常生活中，隐藏着很多消防安全隐患，稍不留神就会引发大火，所以我们要定期排查，避免火灾的发生。这是对自己的保护，也是对他人的负责。恭喜你们通过了第一关！

【设计意图：三年级的学生随着生活经验和安全知识的不断丰富，有了一定的自我保护技能，本环节在师生的共同学习中，教师通过“出示图片　找出问题”环节，帮助学生排查并解除家庭中存在的消防安全隐患，防止火灾的发生。】

三、消防安全 Re：小火会处理

（播放录音《闯关二》消防员：同学们，欢迎你们来到第二关。请听题：烧菜时，热油锅着火了，怎么办？）

生：盖锅盖。

1. 师：你会盖锅盖吗？老师这里有一口着火的锅子，请你来演示一下。

（学生实验：垂直往下盖锅盖。）

2. 师：请问他盖锅盖的方法正确吗？

生：不正确，这样容易被烧伤。

3. 师：那谁愿意来演示一下正确的盖锅盖方法呢？

（学生实验：拿起锅盖从锅子的侧面盖上，火熄灭了。）

4. 师：同学们，当油锅起火的时候，我们可以用盖锅盖的方法来灭火。没有了氧气，火就无法再燃烧。那我们可以往锅子中倒水来灭火吗？

生 1：能。

生 2：不能。

5. 师：看来大家意见不统一，那让我们一起来看看视频，水到底能不能浇灭油锅中的火呢？

（播放视频《用水灭油锅》：当实验人员将一盆水倒入起火的油锅中时，火苗一下子窜到 1 米多高，并发生燃爆，非常危险。灭火失败。）

6. 师：水倒入锅中不但没有成功灭火，反而使火势更大了。所以，在热油锅起火的时候，我们要第一时间关闭火源，可千万不能用水灭火哦！

（板书：关闭火源）

（播放录音《消防员送印章》：同学们在第二关中的表现更棒啦，大家都学会了扑灭油锅起火的方法，请组长给同学们盖上一枚小印章吧！）

【设计意图：厨房是最易发生火灾的地方，本环节通过模拟盖锅盖的实验和观看用水灭火的油锅视频让学生知道热油锅起火的不同灭火方法，学生认识到错误的灭火方法会带来严重的后果，最终固化正确的灭火方法。】

四、消防安全Mi：大火会逃生

（播放录音《闯关三》：队员们，恭喜你们来到最后一关。这里有3个任务袋，完成所有任务才算闯关成功哦！）

（播放视频《着火了》：大楼着火了，浓烟滚滚。）

1．师：队员们，这幢大楼着火了，如果你不幸就在这幢大楼中，你该怎么办呢？请看我们的小组任务。

（PPT出示小队合作完成的任务单）

任务一：你会打火警电话吗？
任务二：身上着火了，你该怎么办呢？
任务三：浓烟滚滚，你该怎样避险逃生呢？

（一）模拟任务一：你会打火警电话吗？

学生A：喂，请问是119吗？我们这里着火了，请快来救火。

学生B：请说出具体位置？

学生A：古猗小学。

学生B：什么原因引起的火灾？

学生A：电器漏电。

学生B：火势大小如何？

学生A：很大。

学生B：好的，我们马上来，请你快撤离到安全的地方。

2．师：这两名同学火警电话打得如何？

生1：他很冷静，我觉得非常好。

生2：他没有说出古猗小学的具体位置。

3．师：现在的道路错综复杂，如果消防员找不到怎么办？所以我们还要留下——

生：联系电话。

4. 师：我们打报警电话的时候一定要保持冷静，说清楚自己的位置，火灾原因，火势大小。最重要的是一定要保证自己的安全。现在请同学们根据老师提供的信息，同桌合作再来拨打火警电话。

（PPT 出示信息内容）

地址：上海市嘉定区宝翔路 151 号古猗小学和馨楼二楼多功能厅
燃烧物质：电器着火烧到窗帘
火势大小：火势很大
报警人电话：189××××××

5. 师：看来同学们都会拨打火警电话了。

（板书：会拨打 119）

【设计意图：报火警目的是使警察能及时出警、以控制火情，所以报火警时最主要的是要讲清火灾的准确地点、起火原因等。本环节主要让学生通过现场模拟掌握正确拨打火警电话的方法。】

（二）模拟任务二：有小火苗，怎么办？

1. 师：消防员还没赶到时，不巧，你的后背上有个小火苗了，你该怎么办？能演示一下吗？

（教师把一簇小火苗的图片贴到学生的背上。学生背部贴着地，使劲摩擦地面。）

2. 师：你为什么要这么做？

生：因为我的后背着火了，后背和地面摩擦可以隔绝氧气，火就能被熄灭。

3. 师：说得非常好，没有了氧气，火就会熄灭。现在，你的身上有两簇小火苗，你该怎么办？

（教师把两簇小火苗分别贴到学生的胸前、背上。学生躺在地面上，来回翻滚。）

4. 师：你为什么要这么做？

生：因为我的前胸和后背都着火了，所以我要来回翻滚才能熄灭身上的火苗。

5. 师：刚才，这两名同学都演示得非常好。老师提醒大家如果火势不大，时间允许的情况下，我们也可以直接脱掉起火的衣服。

【设计意图：在身上着火的情况下，大多数人可能因害怕而直接用手拍打，这样不仅不能熄灭身上的火，还会导致二次伤害。在这个环节中，通过让学生现场演示，掌握扑灭身上一处或多处火苗的正确方法。】

（三）模拟任务三：着火了，怎么办？

（火灾场景模拟：教室里用干冰模拟着火浓烟，用“安全出口指示牌”标示逃生路线，给每个学生准备好湿毛巾，同时，视频播放大楼着火画面以及火灾火警音效。）

1. 师：同学们，火越烧越大，我们要自救，想办法逃出去。

（两组同学手拿湿毛巾顺着安全出口的方向迅速逃离火灾现场。）

2. 师：我来采访一下你们，为什么你们向后门的方向逃离？

生：因为我看到了安全出口的指示牌，所以，跟着指示牌指的方向跑。

3. 师：你们观察得很仔细。当我们进入商场、酒店等公共场所时，一定要注意观察安全出口的位置，一旦意外发生，我们就能按标识及时逃离。

4. 师：你们手里拿着的毛巾，有什么特别吗？

生：毛巾是湿的。

5. 师：知道为什么要用湿毛巾吗？

生：湿毛巾能隔绝空气中的浓烟。

6. 师：你的消防知识掌握得真好。其实，火灾中被浓烟熏死、呛死的人数是被烧死者的4–5倍，湿毛巾是非常有效的自救工具。

（板书：会自救避险）

（播放录音《消防员送印章》：同学们，恭喜你们闯关成功！在第三关中，我们学会了打火警电话，学会了扑灭身上的小火，进行了紧急疏散演练。请组长给组员们盖上一枚小印章吧！）

7. 师：同学们，面对火灾时，我们一定要保持冷静，才能更快地逃生。大多数火灾都是由一些小的隐患或疏忽引起的，希望队员们在生活中及时排除火灾隐患，学会防护；遇到小火会冷静处理；遇到火灾，能安全有序逃生。

【设计意图：体验教学是学生通过观摩或者直接再现教学活动，使学生进入教学内容所描述的环境中进行学习、体验、感悟，从而得到知识经验的一种学习方法。火灾来临时，如何逃生自保应成为学生们必要的生活技能。在本环节，教师设计演一演的形式，让学生们积极参与，在体验中学会拨打火警电话、了解消防安全常识、掌握基本的逃生自救的方法。】

五、时事链接：致敬消防员

1. 师：队员们，最近有一段视频在网上的点击率非常高，让我们一起来重温一下。

（播放视频《凉山火灾》：悲凉的音乐声中，消防员们背着沉重的消防设备穿梭在火场，一张张因烟熏而乌黑的脸蛋上透露出坚强，最后画面定格在市民们为牺牲的27名消防员送行。）

2. 师：发生火灾，面临危险，大多数的人第一反应都会是朝着安全地方撤离，有这样一群人却朝着火势前行，他们就是——消防员，他们是最感人的逆行者。当我们双休日、节假日出去旅游的时候，消防员们一年365天，一天24个小时随时待命；当我们睡在舒适的床上做着美梦时，消防员可能正在火场中与死神进行搏斗；有些同学背着书包还嫌重，要爷爷奶奶背，消防员们却要背着近百斤的消防设备爬楼梯、攀绳索。所以，我们说，消防员是和平年代最危险、最辛苦的职业。我们要树立忧患意识，常备不懈，这是预防火灾最好的方法，也是对消防员最好的保护。现在，让我们向英雄致以最崇高的敬意。

（学生全体起立，向消防员敬队礼！）

3. 师：礼毕！下课。

【设计意图：明理、激情、导行是主题教育课的教学特点。凉山森林火灾，27名消防官兵的牺牲让人痛心、惋惜。最后这个环节的设计，主要是让学生明白幸福生活来之不易，我们的岁月静好，是有人替我们负重前行；所以，我们要学会排查安全隐患，学会处理小火灾害是对消防员最好的保护。】

【板书设计】

消防安全DO RE MI

【点评】

学校是人员密集的场所，根据消防安全教育的要求，需要对学生展开消防

安全、紧急疏散演练等专题教育。“消防安全 Do Re Mi”这堂课，韩老师层层推进，逐步展开“无火要预防”“小火会处理”和“大火须逃生”三个教学环节，既有消防隐患排查、现场油锅灭火实验，又有模拟拨打 119、演练扑灭身上的火和火灾现场的紧急疏散演练，以及结合四川凉山火灾中消防员为保护国家财产和人民人身、财产安全壮烈牺牲的事迹，讴歌了消防员无私无畏的精神，考验着老师的课堂驾驭能力，韩老师完成得很出色。

一、立足生活，激活课堂

教育要从生活中来，然后回到生活中去。家中隐藏着一些火灾安全隐患，在“无火会预防”中，韩老师通过搜集家庭中不同的消防死角，力图引导学生了解并学会排查身边的火灾安全隐患。在“小火会处理”中，韩老师将地点设定在最易发生火灾的厨房，让学生们有机会直面油锅起火的情境，在这个环节中，韩老师让学生亲身实践，了解盖锅盖灭油锅火焰的方法，并通过视频的播放让学生知道不能用水灭火。

二、创设情境，激趣课堂

本节课的情景创设是一大亮点。在“大火须逃生”这个环节中，韩老师通过干冰制造烟雾，以大家所处的上课教室为着火点，创设较为贴近现实的火灾现场，带领学生复习回顾火场逃生的必备安全知识。当 2 组学生展开火场逃生演习，其他小组观察后，大家通过交流，从问题中找到方法，总结经验，加深印象，最终学会冷静逃生。

三、链接时事，激情课堂

随着现代信息技术的不断发展，各种新媒体充盈整个社会，人们随时随地都能获得各种新闻信息。恰逢上课前几天，凉山发生了特大火灾，韩老师利用当前这个时事热点展开教学，让学生通过直观的感受，在鲜活的事件中，了解了消防员的困苦艰辛与危机重重，从而激发学生对消防员的崇敬之情，传承爱国爱民的情怀、崇德向善的责任担当精神，情感目标有效达成。

设计教师：上海市嘉定区古猗小学　韩丽莉
指导教师：上海市浦东教育发展研究院　姚瑜洁
点评教师：上海市嘉定区古猗小学德育副校长　龚志萍

小电梯　大安全

【活动背景】

随着社会的快速发展，高楼大厦鳞次栉比，电梯使用越来越广泛，已成为人们生活的重要组成部分。但人们在享受便利的同时，对电梯的使用规范却知之甚少，近年来新闻中出现了不少电梯事故，引发人们不少担忧。

小学五年级学生无论是生理上还是心理上都还不够成熟，对于乘梯规范仅略知一二，更别提遇到电梯事故时进行自我保护了。一次假日小队活动时，班里的学生在乘坐自动扶梯时不仅不握紧扶手，还相互打闹，学生们的安全意识淡薄令人担忧，亟需进行一次专题教育，提升学生的安全意识。

【活动对象】

小学五年级学生

【活动目标】

知识与技能：初步了解自动扶梯的构造。

过程与方法：

1. 了解电梯的构造，发现乘坐电梯时存在的安全隐患。

2. 认识乘坐电梯时的安全标识。

3. 掌握电梯突发情况中自救的方法。

情感态度与价值观：提高安全意识和自我保护能力。

【活动准备】

收集电梯事故的图片和视频资料、准备地铁吉祥物畅畅的录音

【活动过程】

一、动画引路布置任务

（一）了解电梯的分类

1. 师：同学们，你们看这些是什么？

生 1：手扶电梯（自动扶梯）。

生 2：乘客电梯。

生 3：观光电梯。

生 4：自动人行道。

2．师：对了，这些都是与我们的生活紧密联系的电梯，我们一般在哪些地方见过它们？

生 1：居民楼。

生 2：医院。

生 3：地铁站。

生 4：火车站。

生 5：机场。

生 6：商场。

……

（二）认识自动扶梯

1．师：老师给大家带来了一个朋友，它是谁？

生：上海地铁吉祥物——畅畅。

2．师：我们和它打个招呼好吗？

生：你好，畅畅！

3．师：今天畅畅要带我们认识一下既熟悉又陌生的自动扶梯。

（播放录音《畅畅介绍电梯的结构》：同学们，今天我以自动扶梯为例，给大家介绍一下电梯的构造。你们看，自动扶梯一般是阶梯状的，我们站在上面的部位称为梯级；手扶的部位称为扶手，扶手会从扶手槽不停转动，将乘客送上楼或送下楼；两边的挡板和梯级之间有一段凸起，称为围裙板，一般会用软刷再缓冲一下；当我们安全踏上踏板后，美妙的电梯之旅才算结束。）

（三）畅畅布置任务

1．师：最近畅畅有一个烦恼，你们听——

（播放录音《畅畅诉说烦恼》：同学们，电梯为大家节省了大量时间和精力，可我发现有些同学乘电梯时行为不规范，遇到危险不会保护自己，我想为大家制作一个《安全乘梯自助手册》，你们帮我一起设计好吗？）

生：好！

【设计意图：教学内容的选择要贴近学生的实际，才有利于学生体验与理解，激发思考与探索。选择学生熟悉的地铁吉祥物畅畅来给学生布置任务，既新鲜又好玩，

能激发学生的学习兴趣，调动学生的学习积极性。】

二、小组合作制作手册

（一）电梯隐患我发现

1. 师：请同学们看清楚这张图，结合自己的生活实际，找找电梯哪些地方会“咬人”？

生 1：梯级与围裙板之间的缝隙。

生 2：自动扶梯下面的扶手槽。

生 3：踏板与末端梳齿板之间的缝隙。

生 4：扶手与构建物之间的夹角。

2. 师：同学们这么快就找到了四处隐患，真是火眼金睛！畅畅请记者朋友用泡沫假肢在这四处隐患点做了个实验，我们请畅畅来介绍一下详细情况。

（播放视频、图片、录音《试验 1：鞋子被缝隙夹住》。同学们，畅畅邀请了记者朋友用泡沫假肢来给大家做了试验。你们看，梯级与围裙板之间的缝隙相当危险，如果你穿着拖鞋、长裙，或者把脚贴在缝隙边，会很容易被夹住的，后果不堪设想。这个夹缝中的鞋子就是个有力的证明。）

（播放视频、图片、录音《试验 2：假肢被扶手槽吞没》。自动扶梯下面的扶手槽也是会咬人的，同学们千万不要把手伸进扶手槽里，要不然就会像事故中的小朋友那样手臂不保啊。）

（播放视频、图片、录音《试验 3：假肢被踏板和梯级末端梳齿之间的缝隙夹住》。当我们上行或者下行时，一定要集中注意力，否则一旦摔倒，就会被踏板与梯级末端梳齿之间的缝隙夹住，出现伤害事故。）

（播放视频、图片、录音《试验 4：泡沫人头被电梯与楼层间的缝隙夹住，削去脑袋》。故在电梯上行时，不要把头伸出电梯外，扶手与楼层之间的夹角会碰破你的头，严重的还会将你整个身体带出电梯，有生命危险。）

3. 师：了解了这些安全隐患，你们也不要有乘梯恐惧症，因为所有的电梯都会定期检修，确保安全运行。大部分电梯事故，都是人们不规范的举动造成的。接下来，让我们轻松一下，玩个游戏吧——一起来找茬，用火眼金睛找出图片中不妥当的危险行为。

生 1：穿拖鞋乘电梯。

生 2：乘电梯玩手机或 IPAD。

生 3：穿长裙乘电梯。

生 4：将头或手伸到电梯外。

生 5：乘电梯时头朝后与同伴交流。

……

4. 师：同学们观察得真仔细！你们能总结一下乘电梯时要注意哪些问题吗？小组里讨论一下，把好主意记下来。

小组 1：要紧握扶手。

小组 2：要看清前方。

小组 3：不要嬉戏打闹。

小组 4：乘梯时将裙摆提高。

……

（板贴：学生将随机生成的好主意贴在黑板上）

【设计意图：学生是学习的主体，教师是学习的组织者、引导者。动手实践、自主探索和合作交流是学习的重要方式。通过新闻、图片一步步引导学生寻找安全隐患，在小组讨论中思考避免隐患的注意事项，是一个由认知到实践的过程，实践中获得的经验对学生来说尤为重要。】

（二）电梯标识我了解

1. 师：请同学们分组将这些电梯标识的意思与图片对应连线，看哪组连得又快又准。

小组 1：我们小组发现第一幅图上有人站在下行电梯出口，用上禁止符号，表示“请勿在出入口停留”；第二幅图的箭头表示下行，但这个人是往上走的，用禁止符号表示“请勿逆行”；第三幅图上的人倚靠在扶梯上，加个禁止符号表示“请勿倚靠扶梯”。

小组 2：我们小组的第一幅图是一个人的脑袋探出电梯外，禁止符号提醒我们“请勿将脑袋探出电梯外”；第二幅图上的人将脚贴近围裙板，这是提醒我们“请勿将脚贴近电梯缝隙”；第三幅图是手点圆形按钮，表示这是“紧急停止按钮”的符号。

小组 3：我们小组拿到的第一幅图是一个人扶着另一个弓着背有气无力的人，这是提醒我们“扶好病弱”；第二幅图是让我们扶好扶手；第三幅图虽然跟第一幅图很像，但明显这个矮一点的是一个孩子，我们认为这是“扶好儿童”。

小组 4：第一幅图是“不要携带婴儿车”；第二幅图是“不要携带轮椅”；第三幅图是两个孩子在打闹，这是提醒我们“不要打闹”。

2. 师：同学们真是一个个小火箭，连线速度快，正确率也高，还能合理地解释图片的含义，让其他同学受益匪浅呢！

【设计意图：教师应该以学生的认知发展水平和已有的经验为基础，注重因材施教，引导学生独立思考、主动探索。五年级学生的知识水平有限，用图文连线的方式来降低难度，用小组赛一赛的形式来激发兴趣，在玩乐中学会知识，是这个环节的目的所在。】

（三）安全乘梯我能行

1. 师：虽然要防患于未然，但意外总是无法预知的。如果我们乘电梯时突然遇险，该怎么办呢？

生：首先要沉着冷静。

2. 师：对，就让我们冷静地制作自助手册的第三页——安全乘梯我能行！看，这是一次自动扶梯事故，当时扶梯突然逆行，扶梯上人仰马翻，许多人都跌倒了，受了重伤。假如，当时你就在扶梯上，你该怎么办？

生 1：报警。

生 2：抱住扶手。

……

3. 师：是呀，大家千万不要忽视电梯的扶手，必要的时候我们可以抱住扶手，稳住自己不摔倒。除此以外，还可以做什么？

生：按动紧急停止按钮。

4. 师：非常正确，就是按动我们之前提过的紧急停止按钮，如果用手不方便，你们还可以用脚狠狠地踢，千万别犹豫！也许你这一举动，能救下很多人的命呢！不过电梯正常运行时可不能随便按急停按钮，否则后果不堪设想。

（播放音频《畅畅指导自护动作》：同学们，万一你摔倒了，你还可以做这个动作来保护自己——双手抱头。我们一起来做一做这个动作。）

5. 师：今天学了这么多安全乘电梯的知识，让我们一起来复习一下。

（板贴：电梯安全口诀）

生：电梯隐患我发现，电梯标识我了解，乘梯安全我能行，扶手就是安全带，遇险抱头护脑袋，紧急按钮关键用，遵章守纪共安全。

【设计意图：学习是一个在实践中总结经验，又由经验进一步指导实践的螺旋式上升的过程。本环节是在乘坐自动扶梯遇险时，对学生自救自护方法的指导，结合电梯安全口诀巩固知识，有利于学生掌握。】

三、总结知识传帮带

1．师：同学们，你们今天真是棒极了！在大家的共同努力下，制作了一本精美的《安全乘梯手册》，了解了小电梯里的大安全，提高了安全意识，学会了自我保护。这本手册是你们送给自己的礼物，老师希望你们通过小队活动将手册上学到的内容教授给一年级友谊中队，你们说好吗？

（板贴：安全乘梯手册）

生：好！

【板书设计】

安全乘梯手册

电梯隐患我发现	**电梯标识我了解**	**安全乘梯我能行**
要紧握扶手 要看清前方 乘梯时将裙摆提高 不要嬉戏打闹 不要逆行 ……	 	电梯隐患我发现， 电梯标识我了解， 安全乘梯我能行， 扶手就是安全带， 遇险抱头护脑袋， 紧急按钮关键用， 遵章守纪共安全。

【设计意图：板书由学生答题过程中自主归纳、总结并上台书写。板书的设计分别照应了本堂主题教育课的几大重要内容：电梯隐患我发现、电梯标识我了解、安全乘梯我能行，几大板块最后形成了一本安全乘梯手册，学生将牢记手册知识，为乘梯安全保驾护航！】

【点评】

教育部部长陈宝生在全国学校安全工作电视电话会议上指出，各级各类学校要推进安全教育课程化体系化建设，让学生从小牢记基本安全常识，要通过案例教学加强警示教育，提高学生自护意识和自救能力，主动远离危险环境。随着城市的发展，电梯在日常生活中随处可见，但是不文明不规范的乘梯行为常有出现，电梯事故也时有发生。如果我们把目光从校园转向学生的生活，可以确切地说“乘坐电梯安全教育”跟交通安全教育、防溺水教育一样重要。秦晓静老师深挖这个教育点，可谓是大处着眼、小处着手。

1. 紧贴生活，让学生从活动中体验安全。“小电梯，大安全”这堂主题教育课，面向的是五年级小学生，为了凸显课堂趣味性，激发学生的学习兴趣，秦老师用上海地铁吉祥物“畅畅”串联起了整堂课的脉络，通过情境设置、任务驱动、活动体验，引导学生完成了“查找电梯安全隐患”、“规范乘坐电梯的行为”、“学习安全自护自救的本领”、“制作乘梯安全手册”等学习任务，课堂效果反馈良好。

2. 大胆放手，让学生在合作中感悟安全。本堂主题教育课是以小组为单位的组织形式，在分组上做到优化分组、合理分工，发挥组员的个性特长，充分调动学生的积极性。任务驱动下的小组合作中，学生们和谐相处、互助协作、分享快乐、分担忧愁，品尝到了增进友谊、共同进步、收获成功的美好体验。

3. 智慧管理，用机制激发学生的积极性。主题教育课不应只是在课堂上操作，还应是一门实践课。教师鼓励学生将所学知识延伸到课外，在课后拓展活动中，教师倡导把《安全乘梯手册》赠送给友谊班的弟弟妹妹，把课内学到的知识传递下去。这一拓展活动可以让学生在实践中加深体验，进一步巩固安全知识，提升安全意识。

设计教师：上海市嘉定区古猗小学　秦晓静
指导教师：上海市浦东教育发展研究院　姚瑜洁
点评教师：上海市嘉定区古猗小学德育副校长　龚志萍

共享单车　共想安全

【活动背景】

如今，共享单车普及率非常高，然而相关的隐患也令人堪忧。《中华人民共和国道路交通安全法实施条例》第七十二条明确规定，驾驶自行车、三轮车必须年满12周岁。由于家长的疏忽和学生的安全意识不高，学生擅自骑行引发的安全事故层出不穷，一系列的悲剧事件值得引起我们的重视。

本节课对象为五年级的学生，他们即将符合在道路上骑行的年龄条件。在一次闲聊中，班内学生在互相讨论自己在道路上骑行时惊险、刺激的瞬间，可见开展以骑行安全为主题的教育班会迫在眉睫。

【活动对象】

小学五年级学生

【活动目标】

知识与技能：了解骑行知识，遵守骑行规则，尝试运用单车手语。

过程与方法：

1. 明确骑行单车的年龄限制为年满12周岁以上，自觉遵守国家法律法规。
2. 懂得骑车前要检查车辆安全隐患，了解骑车时的相关安全知识。
3. 学会左转弯、右转弯、减速、停车的骑行手势，在模拟实践中巩固练习。

情感态度价值观：自觉遵守国家法律法规，提高安全防护意识。

【活动准备】

收集共享单车安全事故的视频资料，制作共享单车创始人胡玮炜的短视频，录制胡玮炜的音频，准备共享单车的板贴和数支马克笔。

【活动过程】

一、情景引入

1. 师：同学们，今天老师得到了一张刮刮卡，我们一起来刮一刮，看看里面是什么？

（出示图片《一张刮刮卡》：一辆摩拜单车。）

2. 师：这是摩拜单车，它是共享单车中的一种车型，体现了当下最酷炫的共享理念，每个符合使用要求的人用手机扫二维码之后就可以骑行了。

（板贴：共享单车）

3. 师：你们认识她是谁吗？

生：不认识。

4. 师：老师带来了一张她的名片，谁来介绍她？

（出示 PPT《名片》：摩拜单车创始人兼总裁　胡玮炜）

生：她叫胡玮炜，是摩拜单车的创始人兼总裁。

5. 师：是的，让我们来看看她在《朗读者》中的受访片段，其中哪句话最打动你呢？

（播放视频《胡玮炜受访的片段》：在过去十年，我在汽车行业做记者，我一直在关注出行。我自己是有自行车情结的，我想要一辆我随时随地可以骑的自行车。我认为一个城市如果是适合骑行的话，那这个城市的幸福指数一定非常高。我认为这不仅仅是一辆自行车，它是解决零到五公里出行的新物种。）

生 1：最打动我的是：“一个城市如果是适合骑行的话，那这个城市的幸福指数一定非常高。”

生 2：最打动我的是：“这不仅仅是一辆自行车，它是解决零到五公里出行的新物种。”

6. 师：的确，她努力实现着让自行车回归城市、用骑行去改变城市的初衷。今天胡玮炜就来到了我们班级。

（PPT 出示胡玮炜照片，播放音频《胡玮炜的安全清单》：hello！同学们，我是胡玮炜。今天来到这儿是想寻求你们的帮助，最近我发现摩拜单车存在一些不安全的隐患。想请同学们帮助我做一份安全清单，共商对策来解决这些问题！）

（完善板贴：共想安全）

【设计意图：课程改革中，中小学发展最重要的一点就是根据目前中小学生的年龄特点来制定教育对策，构建更加科学有效的教育方式，完善德育教育体系。以共享单车为引子，既切合时代背景，又符合学生的自身经历。让学生明白共享单车给人们带来便利的同时，也给人们带来了一些不安全的隐患，从而以从“共想安全”到“共

享安全”为目标激发学生探求新知的欲望。】

二、了解骑行知识

（一）明确骑行年龄

1. 师：首先，我想统计一下，我们班有多少同学在公共道路上骑过共享单车呢？举一下手。

2. 师：（随机采访）你骑过几次？和谁一起骑的？在哪里骑的？有发生过危险吗？

生1：我骑过两次了，有时和弟弟妹妹一起骑，有时妈妈在旁边。

生2：我骑过一次，上次从家里到地铁站就是骑单车过去的。

生3：我在骑行的时候，有一次，助动车差点撞到我了。

3. 师：那以你们现在的年龄，是不是可以骑共享单车呢？看看下面的视频。

（播放视频《安全事故》：今年4月1日，天津一名9岁男孩骑共享单车时摔倒，导致刹车手柄插入脖子，血流不止。3月26日，上海一名11岁男孩独自骑行共享单车，被大客车碾压，不幸身亡。同一天，合肥一名10岁男孩骑共享单车时，将脚卡到了车里，疼痛难忍，最后消防员赶到才将他的脚解救了出来。看来，儿童骑车存在的危险的确很多。）

4. 师：善于观察的你一定发现了，这几名孩子的年龄都在几岁以下？

生：12周岁以下。

5. 师：想一想，为什么12周岁以下的孩子不能骑行共享单车？

生1:12周岁以下的孩子可能身高不够，难以安全骑车。

生2：12周岁以下的孩子一般平衡性不好，容易摔倒。

6. 师：那你们是否已经具备在道路上骑行的条件了呢？来看一看《道路交通安全法实施条例》吧！

（PPT出示《道路交通安全法实施条例内容》：第七十二条规定在道路上驾驶自行车、三轮车必须年满12周岁。）

7. 师：未满12周岁的孩子，自身的力量、对车子的控制还不够。所以，在《道路交通安全法实施条例》第72条中明确指出：在道路上驾驶自行车、三轮车必须年满12周岁。

（二）骑行前检查骑行设备

1. 师：同学们已经五年级了，即将年满12周岁，在之后的骑行中要有安全意识。

（PPT 出示《胡玮炜的音频提问》：请问同学们，在骑车前我们应该做些什么？）

生：我们要检查车辆。

2. 师：这里有一辆共享单车，你能不能找一找这辆车有什么问题？

（板贴：安全隐患）

生 1：链条掉了。

生 2：脚踏板缺失。

生 3：轮胎破洞。

生 4：座椅不正。

生 5：钢丝断裂。

生 6：刹车坏了。

（播放音频《胡玮炜的求助》：遇到这类“病车”该怎么办呢？请帮我想一些金点子吧。）

生 1：在手机 APP 上马上进行报修。

生 2：这样的“病车”绝对不能骑了，要提醒周围想要骑行的人不能贪图方便随意骑行。

（播放音频《胡玮炜的感谢》：谢谢同学们的提议！你们在骑自行车前也先要对自行车进行检查。对于“病”车，切不可为了贪图方便而勉强骑行。如果你发现了这些“病”车，请在摩拜 APP 软件上告知我们，公司将对其进行修理！）

（PPT 出示《骑行知识儿歌》：骑行前先检查，遇“病”车不可骑，如发现请告知，骑行安全很重要。）

（三）知晓骑行规则

1. 师：同学们，开车前我们必须要了解相关知识并考取驾照。那么，在骑车时，我们也要明确有关骑行的规定。以下的这些骑行行为是否正确呢？我们一起来判断一下。

（PPT 出示《骑行规则对错判断》：1. 不与前车保持距离。2. 一边骑行一边玩手机。3. 在人行道上骑单车。4. 骑行带人。5. 遵守交通信号灯。）

答案（×）（×）（×）（×）（√）

2. 师：学到这儿，同学们能不能结合一些有关骑行时的相关知识，来帮助胡玮炜完成安全清单，并贴上黑板呢？

生：骑行不能带人，也不能在人行道上骑车。

3. 师：在一些地区，如果车篮载人会进行罚款，这是十分危险的行为，同学们如果看到周围的人出现这种行为可要及时制止呀！

生：我们以后骑行时一定要遵守交通规则。

（播放音频《骑行规则提示》：如果是在没有划分非机动车道和机动车道的道路上行驶，应尽量靠右边行驶。）

4. 师：会看交通信号灯也是我们遵守交通规则的必要条件。在交通信号灯中，这两类信号灯有什么不同？

生：一个是机动车信号灯，一个是非机动车信号灯。

（播放音频：两者同时存在的情况下，同学们在骑行时应该关注非机动车——自行车的信号灯。）

5. 师：在骑行时遵守这些基本规则，既是出于对骑行者自身安全的考虑，也是整体交通秩序得以维持的保障。

【设计意图：从案例入手让学生明白 12 周岁以下在道路上骑行的危险性。以图片展示、判断的形式掌握骑行知识。教师要不断创新并完善德育教育的教学方法和手段，努力寻找适合学生心理发展的教学方法。灵活、适切的教学手段使学生们在集思广益的同时，又能巩固学到的安全知识。】

三、学习“单车手语”

1. 师：同学们，以前自行车虽多，但自行车乱骑的现象却很少，因为他们在骑行时有一套自己的手势，今天我们一起来学一学。先请两名学生上台演示，我们大家纠正其动作。

（PPT 出示《单车手势的示范图片》：左转弯、右转弯、减速、停车）

2. 师：你们学会了吗？

生：学会了。

3. 师：让我们骑车上路吧！

（场景模拟内容的视频：我们准备骑车啦！先来检查一下，车链、脚踏板、轮胎、钢丝都 OK 了吗？座椅调到适合自己的高度，刹车试一试。今天，让我们从家骑到南翔地铁站吧！这段路是我们出家门的必经之路，这里人不多，但我们速度也不能太快啊！看，前面左转弯了，左转弯的手势呢？到了十字路口了，现在是红灯要停车啊！跳绿灯了，继续前行，行人比较多，我们打打铃，叮铃铃，叮铃铃。继续往前骑，右转弯路口打起手势。看！南翔地铁站到了。最后别忘记我们要把车停在指定的位置哦！）

【设计意图：学习被人们遗忘的安全骑行手势，模拟真实的路况场景让学生们活学活用，将理论和实践相互结合，方便同学们在今后的骑行中加以使用，增强自身的安全意识。】

四、众筹清单，总结课程

（播放音频《胡玮炜的倡议》：通过你们的帮助，安全清单众筹成功！我将在以后的宣传中加以使用，让更多人知道在单车共享的同时，我们也要共想安全！）

1. 师：感谢胡玮炜的到来，也感谢同学们的集思广益。从这节课中我们明确了骑行的年龄限制为 12 周岁，在骑行前我们要检查车辆，骑行时遵守交通规则，还可以适当加上单车手语。让我们在越来越便捷的当下，共享单车，共想安全，幸福生活！

【板书设计】

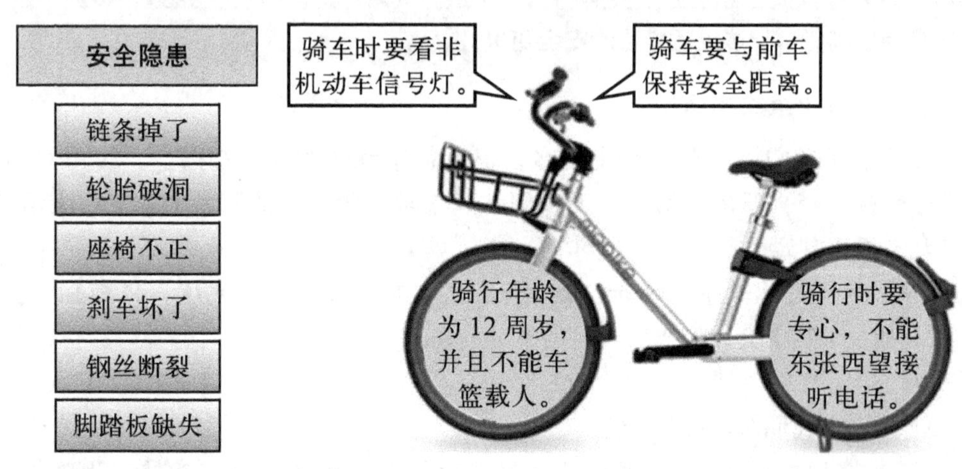

【点评】

小学高年级段的学生正从被动学习向主动学习转变，有自己的想法，但辨别是非的能力还不足。引导这个年龄段的学生接触社会，尝试观察社会，思考解决问题，对于培养学习兴趣，保持主动的态度，迎接更复杂的挑战有积极作用。

徐老师选择的“共享单车”这一载体，非常具有时代气息，能够激发学生的好奇心和兴趣点。小学五年级的学生，即将年满 12 周岁，快要达到骑车的

法定年龄，徐老师围绕“共想安全”这个教育点，深挖拓展，有机融入安全教育和法制教育，宣传预防，非常实用。整堂课中有三处亮点：

一、设计教学情境，激发学生兴趣

面对五年级的学生，徐老师在设计时，引入了摩拜单车创始人胡玮炜，将她作为贯穿课堂的一个人物线索。运用视频、录音等媒体技术，让胡玮炜向同学们提出问题、布置任务，带领同学们走进一个个教学环节。这样的情景新鲜感十足，让学生们感到生动有趣，自然而然地调动起学习的兴趣。

二、抓住问题关键，引发学生思考

徐老师在课堂中聚焦关键问题，引发学生思考，有效达成教学目标。如“病车”一问，让学生动起来，发现共享单车各种各样的病车故障，并思考总结出，骑行前检查共享单车车况是确保安全的第一步。教师组织学生观看儿童骑车交通事故的视频后，提出“为什么12周岁以下儿童不能骑车”的问题，学生们积极讨论交流，知道了低龄儿童在马路上骑车的危险性，深刻理解了交通法规要求的合理性。精心设计的教师提问，呈现出连贯性，收到了良好的效果。

三、演绎生活场景，巩固学生所得

徐老师这堂课将交通安全教育前置，使用快被人们遗忘的“单车手语”，从而使骑行更加安全。她在最后一个环节带领学生们进行了手语的学习，在学生们对单车手语已经初步熟悉后，又由教师的口述为同学们创设一段从家门口到南翔地铁站的骑行过程，模拟现实的场景，使教学的氛围达到了一个至高点。

本节课，教师的设计符合学生特点，引发学生积极参与，在教师适当地指导下，产生了良好的师生互动，体现了教师较好的教育能力，教育效果显著。

设计教师：嘉定区古猗小学　徐晓慧

指导教师：上海市浦东教育发展研究院　姚瑜洁

点评教师：上海市嘉定区古猗小学德育副校长　龚志萍

二维码的秘密

【活动背景】

手机和4G网络的普及使人们的生活与网络密不可分。二维码支付的兴起更是让我们享受到出门不用带钱包，只要手机扫一扫就能付款的便捷。但是，二维码扫码支付也有许多安全隐患，近年来，二维码诈骗的新闻层出不穷。小学生社会经验不足，对于网络安全的防范意识较弱，《全国青少年网络文明公约》中明确指出，青少年“要增强自护意识”。因此，网络安全教育势在必行。

三年级的小学生知识有限，生活经验不足，对于很多事物的认知能力还较为薄弱。调研发现，三年级学生对于二维码并不陌生，会扫码，但是，安全意识比较淡薄。有些小学生被小玩具、小零食等诱惑，会扫一些来路不明的二维码。种种现象表明，学生在“码世界”中存在着不少安全隐患，需要尽早进行教育引导。

【活动对象】

小学三年级学生

【活动目标】

知识与技能：了解二维码的用处，知道有些二维码有“陷阱”。

过程与方法：

1. 知道不能扫来路不明的二维码。
2. 学会辨别来路不明的二维码。
3. 辨别二维码的利弊，初步培养思辨能力。

情感、态度、价值观：增强网络安全意识，初步形成思辨能力。

【活动准备】

以班级学生Jacky作为小演员，演绎被小玩具吸引后，轻信并扫码，然后被诈骗的故事情境，拍摄成微电影。

【活动过程】

一、兴趣激发

1. 师：你们看看这是什么？

生：二维码。

2. 师：二维码在我们的生活中随处可见，我们对它不陌生，今天，我们就一起去看看二维码有哪些“小秘密”。

3. 师：你们在哪些地方见过或使用过它呢？

生 1：我在公众号上见过二维码。

生 2：付钱的时候要用二维码。

生 3：我在共享单车上看到过二维码。

生 4：我在火车票上见过二维码。

【设计意图：杜威提出“教育即生活”。他主张教育应当是生活本身的一个过程而不是未来生活的准备，要求学校把教育和学生眼前的生活联系在一起，教会学生适应眼前的生活环境。有生活经验基础的教育，是能落到实处的、有指导意义的教育。在课堂中引导学生基于生活的经验交流对二维码的认识，继而了解二维码怎样在我们生活中被广泛地运用。】

二、思维碰撞

1. 师：刚才，有同学提到了“付钱的时候要用二维码”，用二维码付钱是如何操作的呢？

生 1：我先打开微信或者支付宝，让营业员扫一下我的付款码，就可以了。

生 2：我先用手机扫一下对方的二维码，也可以付钱了。

2. 师：二维码为我们提供了不少便利，但最近，我们班的 Jacky 同学却因为二维码产生了很多烦恼，我们看一看，他遇到了什么麻烦吧。

（播放视频《小学生扫二维码被骗》：

南翔老街旅游场景——

妈妈：Jacky，妈妈要去上厕所，你拿一下手机，等下妈妈过来找你，好吗？

孩子：OK.

骗子：小朋友，你好呀！想不想要一个小玩具？很漂亮哦！拿你的手机扫一下我的二维码，马上就可以把这个给你啦！来，扫一下。

你看，好漂亮的小玩具哦！

孩子：好！

骗子：OK. 这个就给你喽。你很棒哦，真的好聪明哦！

妈妈回家后发现银行卡余额减少了——

妈妈：Jacky!Jacky！妈妈的钱怎么没了？怎么被刷掉了八千多块！Jacky！）

3．师：看完这个视频，谁来说说 Jacky 小朋友遇到了什么麻烦？

生：他扫了骗子的二维码后，钱被骗走了。

4．师：你想对他说什么？

生：以后，我们不能随便扫别人的二维码。

5．师：没错，骗子用小玩具诱惑小朋友，骗取他们手机里的钱。同学们，以后，我们千万不要被骗子们的小把戏给迷惑了。

【设计意图：通过视频，以班级中 Jacky 同学的事例拉近学生与课堂的距离。这一情境的创设让学生产生亲切感，激发了学生思考的积极性和表达的欲望。从而让学生对于能不能轻易扫二维码产生自己的判断。通过辨析视频中同学轻易扫码的行为，引发对扫码安全的讨论。】

6．师：如何提高我们扫码时的安全意识呢？老师为大家带来了一段有趣的视频。

（播放视频《安全有意识》：你是否在阳光明媚的午后走过那繁华的商业中心，你是否经历过这样的场面：哎，同学，扫码送毛绒玩具哈；哎，美女，扫码送水果哈；哎，帅哥，扫码送红包啊！“码时代”来势迅猛，不可阻挡，一夜之间，二维码即遍布各电商平台、商场、网站、杂志甚至车票上。无论你是商家还是顾客，付款不支持二维码，你都不好意思说自己属于这个开放的时代。但是，你知道吗，二维码很容易被坏人利用，一旦通过手机扫描二维码，便在不知情中直接下载，中了应用中携带的病毒，手机就会遭遇麻烦。扫描的内容是被挂上木马的网址，则可能窃取消费者手机通讯录、银行卡号等隐私信息，甚至被乱扣话费，消耗上网流量。不要被什么玩具小狗狗、毛绒小猫猫、小钥匙扣迷惑，长点心吧，别让骗子的套路成为你成长的心路。安全小提示：不要见码就扫，特别是路边广告、电梯内广告、广告宣传单、不明网站的二维码。）

7．师：看完视频，大家知道了吗，来路不明的二维码千万不要扫哦！请同

学们以小组为单位，讨论一下哪些二维码是来路不明的呢？

生1：路边广告上和电梯里的二维码。

生2：陌生人给我们的二维码。

生3：广告宣传单上的二维码，还有贴在墙上的二维码。

8. 师：你们都说得很好！现在，我们身边有着形形色色的二维码，面对这么多让人眼花缭乱的二维码，身为小学生的我们该怎么做呢？

生1：我们不要随便扫。

生2：对于那些来路不明的二维码我们就不扫。

生3：如果有人要用小东西来诱惑你让你扫码，你也不能扫。

生4：我们可以问爸爸妈妈这个二维码能不能扫。

9. 师：看来大家想出了不少好办法，当然，在你自己无法判断的时候，请记得向有经验的爸爸妈妈求助。在这堂课上，我们知道二维码给我们的生活带来了很多便利，当然也会带来一些麻烦，我们要学着从正反两方面去看待它。

【设计意图：《现代教学》道："讨论法是一种对话式的教学活动，学生处于对话的中心每一个学生都有自由表达见解的机会，发表自己的看法，听取不同的意见，互相启发，加深理解，深入探讨问题和解决问题。"通过讨论，让学生对那些"来路不明的二维码"有一个初步的了解，并产生防范意识。在此基础上进行一次深入思考，让学生初步形成对事物两面性的思辨能力。】

三、儿歌总结

1. 师：最后老师送大家一首安全扫码歌。大家跟我一起读。

（PPT出示《安全扫码歌》：二维码，身材小，它的本领可不小。二维码，别乱扫，抵制诱惑很重要。二维码，扫不扫？擦亮眼睛判断好！）

2. 师：希望大家都能擦亮眼睛判断好，记得回家后把今天所学到的二维码安全小知识也教给你的家人。

【设计意图：通过琅琅上口的安全扫码歌总结本堂课的主旨，并加深学生对扫码安全的印象。儿歌短小精炼，极富韵律与节奏感，降低了学生记忆的难度。通过课后与家人分享提高学生对扫码安全的认识，将课堂中习得的知识在生活中活学活用。】

【点评】

结合"二维码"这一热点话题，徐老师以十分钟微课的形式来开展主题教育。这堂课面向三年级的学生，在短时间内，教学内容如何既化繁为简，又体现出思维力度，的确是一种挑战。但徐老师成功了，亮点有三：

一、微小却不渺小

这堂课在互联网时代这个大背景下，以“扫二维码”这个话题作为切入口，以小见大，与学生的生活息息相关。学生网络生活安全意识的培养这一话题很大，在十分钟的微课中，不追求面面俱到，而是选择一些小的话题切入，例如本堂课的“二维码”就体现出了“微小不渺小”的特点，贴近学生网络生活现状，学生感到亲切，学习的兴趣便会越发浓厚，教师的指导才会更有实效。

二、简短却不简单

十分钟主题微课比较简短，讲清一个道理，让学生掌握一种方法。这堂课不是简单地停留在让学生了解一些常见的二维码、知道骗子会用小玩具诱惑扫码等表面的问题，而是通过引导学生讨论，让学生学会辨别来路不明的二维码，并能在扫码之前做出正确的判断。最后让学生通过这堂课的学习，初步意识到二维码的“利”和“弊”，学会用思辨的方法对待。

三、紧凑却不紧张

这堂课只有短短的十分钟，思维容量却并不少，老师在这堂课中向学生们抛出了不少问题。这些问题环环相扣，步步深入，一点点攀升思维的力度。但是，教师上课没有“赶时间”的匆忙感和紧张感，在学生思考的环节给予了他们充分的时间，师生互动的节奏感非常好。

设计教师：上海市嘉定区古猗小学　徐烨

指导教师：上海市浦东教育发展研究院

点评教师：上海市嘉定区古猗小学德育副校长　龚志萍

后 记

自儿时起,"长大后做一名教师"是我的愿望;1989 年,初中毕业填报志愿时,我毫不犹豫地选择了师范院校,并被提前录取;1992 年,于上海市第六师范学校毕业后,19 岁的我,被统一分配到儿时的母校,一所中心校所属的村小,在乡村教育的最基层工作了整整 7 个年头。我担任过班主任和村小少先队大队辅导员,同时任教过语文、英语、美术、自然、劳技、体锻等多个学科。1999 年,我调到周浦乡中心校任教,担任中心校少先队大队辅导员、"品德与社会"学科教研组长,少先队周康块块长;2002 年,经笔试和面试,我应聘到南汇区教师进修学院,任班主任、行为规范教育、少先队、德育信息等条线之职,期间,业余自修大学本科学历;2010 年,南汇整体划入浦东新区,我便成为浦东教育发展研究院大家庭中的一员。

工作二十八年来,不管岗位如何变动,不变的是深深的德育情结。

记得在村小时,有一次恰逢中心校开展主题班会开课比赛,我积极报名参加,执教的是"小小针线包",现在想来,当时对主题班会的理解还比较肤浅,但这也成了我日后研究的起点。因此,2002 年任班主任教研员后,我就力推主题班会的研究,逢单年,举行全学段的比赛,先由各中小学进行初赛;接着每校推荐 1 名班主任,划片区进行复赛,邀请资深的德育分管领导担任评委;最后,进行决赛,每一节决赛课,我均带队组织听课、说课和答辩。逢双年,小学、初中、高中三个组的一等奖获得者面向全区进行风采展示。经过数年的比赛、评比、展示,基层学校对主题班会的研究兴趣日益增强,实践成果日趋丰硕。

在陈镇虎和黄静华等多位导师的指导下,我对主题教育课进行了持续的研究。2002 年至今,我先后听过 1000 多节主题教育课;逐步掌握了主题班会和主题教育课的区别。我申报了区级教师继续教育课程"主题教育课的设计与评价",边实践边研究,该课程获得浦东新区教师培训精品课程。我还申报了几个区级德育课题,获得区德育实践课题研究评比一等奖,2019 年以来,编著出版了《社会主义核心价值观主题教育 36 课》《习惯养成主题教育 32 课》等书。

班主任需要在个体工作中累积丰富的"实践智慧",在众多的教育活动中,结合班级与学生实际情况开展主题教育课是建班育人的重要途径，主题教育课也是班主任的份内工作之一。本书力求丰富主题教育课的相关理论，填补主题教育课研究方面的不足，使主题教育课的形式得到大家的认可；并尝试结合班主任工作中的热点话题，分析主题教育课与主题班队会及社会实践的联系和区别，掌握主题教育课的属性，明确特点和作用，探索课的设计要素，学会设计、实施和评价主题教育课的方法，使班主任能关注到学生的成长需求，能借助主题教育课这一载体促使自身专业能力的提升。

感谢上海市教委、上海市师资培训中心和上海市双名工程管理办公室搭建的平台，感谢陈镇虎、黄静华、张小敏、孙红等专家的指导，感谢浦东新区教育局陈强、马春馥、德育处副处长廖静瑜、汤韬等领导的关心，浦东教育发展研究院张少波、陈珍国、徐萍、刘文杰、李军、朱爱忠、周宁医、王伟杰、李金林和德育室同仁的鼓励，感谢各区县德育专家同仁、浦东新区中小学班主任中心组、德育基地、德育工作坊、众多班主任小伙伴和家人的支持。由于能力有限，本书有许多不足之处，恳请各位读者提出宝贵意见。

班主任工作呈现多面性、复杂性的特点，教育对象是各具个性差异、灵动、活泼的学生。若要对班级实施有效的管理，不仅需要自身的魅力，以心育心，以德育德，更需要丰富的实践经验和专业能力。愿和所有正在从事班主任工作和有意从事班主任工作、有兴趣研究和探索主题教育课的同仁一起，继续开展系统性研究，并进行生成性系列主题教育课的开发。

姚瑜洁

2019 年 11 月于上海浦东